그리스도께서 어떤 분으로 계셨는지, 무엇을 하셨던 분인지를 개혁신학적 전통에 따라 매우 명료하게 다룬 훌륭한 책이다. 특히 이 책처럼 그리스도의 완전한 인간 됨을 중요시하면서 매우 정교하고도 명료하게, 그러나 가급적 전문용어를 피하면서 쉬운 언어로 설득력 있게 제시한 저서는 드물다. 말로만 개혁신학을 외치며 실제로는 거의 가현설적 또는 루터신학적 그리스도 이해를 갖고 있는 한국의 신학계에 도전을 줄 보배와 같은 책이다.

— 권문상(웨스트민스터신학대학원대학교)

그리스도를 믿는다는 것은 희미한 구세주를 믿고 천당 가는 입장권을 확보하는 것이 아니다. 그리스도의 위격과 사역을 믿는 것이 참된 믿음이다. 그래야만 그리스도의 영광을 올바로 볼 수 있다. 그러므로 그리스도가 누구신지, 그가 행하신 일이 무엇인지를 알지 못하고서는 참되게 믿는다 말할 수 없다. 그렇기에 본서는 기독론으로 시작해 구원론으로, 더 엄밀하게는 속죄론과 칭의론으로 사고의 지평을 넓혀 준다. 그리스도의 영광을 향한 신자의 믿음(by faith)이 보는 것(by sight)이 될 때까지 본서는 그리스도인의 필독서가 될 것이다.

— 신호섭(고려신학대학원 외래교수, 올곧은교회)

본서는 그리스도의 위격에 대한 우리의 안목을 넓혀 준다. 그리스도의 사역을 단지 우리의 구속에만 제한할 것이 아니라 성자께서 본래 성부와 함께 가지셨던 위격의 영광에 주목할 것을 제안한다. 나아가서 신인(神人)의 성육신의 영광을 넘어 우리가 그리스도 안에서 믿음으로뿐만 아니라 하나님의 영광을 직접 뵐 날을 고대하도록 인도한다. 짧은 이 책은 기독론과 우리의 믿음에 새로운 소망을 열어 준다.

— 유해무(고려신학대학원)

예수 그리스도는 어떤 분이시며 우리를 위해 무슨 일을 하셨는가? 이 질문을 다루는 기독론은 우리가 어떻게 죄와 사망으로부터 구원을 받았는가를 설명하는 구원론을 이해하는 데 꼭 필요하다. 이 책은 그리스도께서 완전한 하나님이시며 완전한 인간이시라는 사실을 밝히는 기독론이, 그리스도께서 하나님으로서 인간의 죗값을 대신 지불하실 수 있으며 인간으로서 우리 죄인의 자리에 대신 서실 수 있다는 구원론의 바탕을 이룬다는 사실을 쉽게 밝혀 준다. '그리스도'인이라면 마땅히 그리스도를 알고 그분을 통한 구원에 감사하며 그분께 예배해야 한다.

— 이경직(백석대학교 신학대학원)

설교자로 교회를 섬기기 시작한 이래, 매주 나는 그리스도를 바라보고 그분을 신뢰하며 의지하라고, 그분을 사랑하라고 설교해 왔다. 그래서 많은 성도들이 예수 그리스도가 어떤 분이길래 우리가 그분을 사랑할 수 있느냐고 물었는데, 이제 나는 이 책을 읽으라고 말하면 될 것 같다. 특히 지복직관과 관련한 마크 존스의 설명은 정확하고 건전하며 실천적이다.

— 이정규 (시광교회)

그리스도의 영광을 희미하게나마 본 사람은 깜짝 놀란다. 인간은 마리아나 해구(海溝) 10km 아래까지 내려갈 수 있지만, 그리스도의 위격과 사역의 깊이는 인간의 기술로 탐사할 수 없다. 하지만 믿음은 지식을 추구하고, 누군가를 사랑하면 그 사람이 알고 싶어진다. 마크 존스는 이 짤막한 기독론 입문서를 집필하여 우리를 훌륭히 섬겼다. 존스의 책은 성경적이고 명료하며 역사적 개혁주의 신학에 뿌리를 두고 있다. 이 책은 개인적 연구는 물론 교회나 학교 수업에서도 탁월하게 쓰일 수 있는 도구다.

— 조엘 비키 (퓨리턴 개혁 신학교 총장)

예수 그리스도는 누구인가? 이 질문에 대한 우리의 답변이 우리의 영원한 미래를 결정한다. 예수에 관해 우리가 무엇을 믿느냐는 예수를 믿는 우리 믿음의 본질적 요소다. 이 책에서 마크 존스 박사는 예수 그리스도의 위격과 사역에 관한 어려운 질문에 우리가 쉽고 명확하게 답변할 수 있도록 도와준다. 이 책은 복음을 전할 때나 제자를 훈련할 때 탁월한 도구가 될 수 있다. 새신자, 일반 성도, 목회자 할 것 없이 누구나 필요로 해 왔던 자료다.

— 버크 파슨스 (샌포드 세인트 앤드류 채플 부목사, 「테이블토크 *Tabletalk*」 편집인)

"내 사랑하는 자는 희고도 붉어
많은 사람 가운데에 뛰어나구나"

(아 5:10)

Copyright © Mark Jones 2012
Originally published in English as *A Christian's Pocket Guide to Jesus Christ*
by Christian Focus Publications Ltd, Geanies House, Fearn, Ross-shire,
IV20 1TW, Scotland, Great Britain.
All rights reserved.

This Korean Edition © 2018 by Jireh Publishing Company, Goyang-si,
Gyeonggi-do, Republic of Korea.
This Korean edition is published by arrangement
of Christian Focus Publications through F. J. Rudy and Associates.

이 한국어판의 저작권은 F. J. Rudy and Associates 에이전시를 통하여 Christian Focus Publications와 독점 계약한 이레서원에 있습니다. 신 저작권법에 의하여 한국 내에서 보호받는 저작물이므로 무단 전재와 무단 복제를 금합니다.

마크 존스의
예수 그리스도

마크 존스의 예수 그리스도
A Christian's Pocket Guide to Jesus Christ

마크 존스 지음
오현미 옮김

초판 1쇄 인쇄 2018년 9월 5일
초판 1쇄 발행 2018년 9월 12일

발행처 도서출판 이레서원
발행인 문영이
출판신고 2005년 9월 13일 제2015-000099호

편집장 이혜성
편집 송혜숙, 오수현
영업 김정태
총무 곽현자

경기도 고양시 일산동구 중앙로 1160 오원플라자 801호
Tel. 02)402-3238, 406-3273 / Fax. 02)401-3387
E-mail: Jireh@changjisa.com
Website: Jireh.kr / Facebook: facebook.com/jirehpub

책값은 표지에 있습니다.

ISBN 978-89-7435-508-1 03230

신저작권법에 의해 한국 내에서 보호받는 저작물이므로 저작권자의 서면 허락 없이 이 책의 어떠한 부분이라도 전자적인 혹은 기계적인 형태나 방법을 포함해서 그 어떤 형태로든 무단 전재하거나 무단 복제하는 것을 금합니다.

이 도서의 국립중앙도서관 출판예정도서목록(CIP)은 서지정보유통지원시스템 홈페이지(http://seoji.nl.go.kr)와 국가자료공동목록시스템(http://www.nl.go.kr/kolisnet)에서 이용하실 수 있습니다. (CIP 제어번호: CIP2018023341)

02

마크 존스의
예수 그리스도

마크 존스 지음
오현미 옮김

Jesus Christ

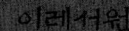

주의할 것

 잊지 말 것

 멈추고 생각해 보기

 참고 사항

목차

머리말 — 10
칼케돈 신조 — 14

1. 그리스도의 위격 • 17

   쿠르 데우스 호모? | 18
   '위로부터의' 기독론 | 21
   하나님의 아들 | 24
   성육신: 하나님이 행하신 가장 기이한 일 | 28
   두 본성과 한 위격: 그래서 어떻다는 것인가? | 34

2. 생존했던 인간 중 가장 위대한 인간 • 42

   '속성의 교류' | 42
   그리스도의 뜻은 하나인가, 둘인가? | 46
   그리스도는 죄를 지을 수 있었는가? | 50
   "어머니의 젖을 먹을 때에 내가 주를 의지하게 하셨나이다" | 53
   믿음으로 산다고? | 58
   그리스도와 성령 | 62

3. 그리스도의 사역 • 72

   선지자로서의 그리스도 | 73
   제사장으로서의 그리스도 | 79
   왕으로서의 그리스도 | 87
   그리스도의 세 직분이 욕을 당하다 | 95
   그리스도의 영광 | 97
   지복직관 | 103
   글을 맺으며 | 110

   주 — 114
   추천 도서 — 116

머리말

기독론의 논제는 신인(God-man, 테안트로포스[*theanthropos*])이신 예수 그리스도의 위격과 사역에 관한 것이다. 신학에서 기독론의 중요성은 아무리 말해도 지나치지 않다. 그리스도의 위격과 사역은 기독교 신학의 중심 요지다. 그런데 우리는 그리스도의 위격(즉, 예수는 어떤 분이신가)을 공부할 때보다는 그리스도의 사역(즉, 예수는 무슨 일을 하셨는가)을 논할 때 훨씬 마음이 편하다. 무한(하나님)과 유한(인간)이 한 위격에서 연합한다는 불가해한 신비를 생각하면 이는 이해할 만하다. 그래서 나는, 우리가 건전한 '기독론을 지닌 사람'이 되기 위해 더 많은 책들이 필요하다면, 그리스도의 위격에 관한 지식 면에서는 특히 더 그렇다는 점을 의식하면서 이 책을 썼다. 따지고 보면, 우리가 "많은 사람 가운데에 뛰어나"다고(아 5:10) 믿는 분에 관해 정확한 견해를 갖는 게 가장 중요하지 않겠는가?

이 책의 구조는 단순하다. 첫째, 예수가 어떤 분이신지(즉, 예수의 위격)를 알 수 있게 한다. 둘째, 낮아지신 상태와 높아지신 상태에서 그리스도께서 선지자·제사장·왕의 사역을 각각 어떻게 이행하시는지 간단히 살펴본다. 독자들이 염두에 두어야 할 점은, 그리스도인들이 그리스도의 위격에 대해 더 깊은 이해에 이르게 되고, 그리하여 그리스도의 사역을 다루는 부분에 들어가서 그리스도의 사역과 그리스도의 위격의 유기적 관계가 더 돋보이도록 하려는 것이 이 책의 주안점이라는 것이다. 마지막으로, 그리스도의 영광에 대해 알아볼 것이다. 구속(救贖)의 목표는 신자가 그 영광을 보게 하려는 것이다. 신자가 그리스도의 영광을 보는 것이야말로 진짜 복이다(이를 가리켜 '지복직관'[beatific vision]이라 한다). 그리스도의 영광을 보는 것, 그리고 그 광경 속 그리스도의 영광은 그리스도의 위격과 사역에 관한 교리와 유기적 관계가 있으며, 기독론의 모든 논제의 절정을 나타낸다. 그리스도에 관한 교리 연구가 믿음으로써 그리스도를 알게 되는 결과를 낳는 것처럼(이상적 측면에서), 믿음은 필연적으로 어느 날 하나님께서 사랑하시는 아들의 얼굴에서 우리가 하나님의 영광을 보게 되는 결과를 낳으니까 말이다(고후 3:18).

나에게 먼저 연락을 해 오고 이 책을 쓸 수 있도록 힘을 북돋아 준 필립 로스에게 감사한다. 그는 토머스 굿윈(Thomas Goodwin)의 기독론에 관해 내가 집필한 책이 "지독히 비싸다"는 점을 일깨워 주었다. 이 책은 굿윈의 기독론에 관한 그 책의 요약본은 아니지만, 많은 부분에서 굿윈과 존 오웬에게 지적(知的)으로 큰 빚을 졌음을 인정한다. 내가 생각하기에 두 사람이 그리스도에 관해 논한 글은 세 가지 면에서 기독교 신학자들에게 여전히 모범이 되고 있다. 첫째는 성경 본문과 긴밀히 대화하고 있다는 것, 둘째는 광범위한 기독교 교리에 포괄적 이해를 갖고 있다는 것, 셋째는 중보자 그리스도의 뜻 깊은 진리가 그분께서 중보해 주시는 이들의 마음과 생각에 확실히 적용되기를 끊임없이 소망한다는 것이다.

이 책은 전문 학술서가 아니라 모든 이들을 위한 책이다. 그래서 나는 처음부터 끝까지 단순하고 평이하게 쓰려고 애썼다. 그러나 주어진 논제를 생각할 때 그게 늘 쉬운 일은 아니다. 기독론에는 그리스도의 위격과 사역 말고도 다른 논제들이 엄청나게 많다. 아직 제대로 논의되지 않은 이 논제들(예를 들어 그리스도의 이름들)은 하나하나가 다 책 한 권으로 엮어 내도 될 만한 가치가 있다. 여러 논제 중 내가 그리스도의 위격과 사역이라는 논제를 선정한 것은 다분히 의도적이다. 기독론을 다루는 인기 있는 책들

중 이 부분을 다루는 책들이 부족하다고 여겨지기 때문이다.

    루벤 자트먼과 하이디 자트먼이 이 책 원고를 읽고 매우 귀한 의견을 제시해 주었다. 두 사람이 원고를 처음부터 끝까지 정독해 준 수고가 이 책의 가치를 높이는 데 큰 기여를 했다. 내가 지도하는 박사과정 학생 라이언 맥그로 목사도 다양한 제안들을 해 주어서 기쁘게 받아들였다. 늘 나를 격려해 주며, 내가 매주 강단에서 설교하는 그리스도를 늘 기쁘게 들으려고 하는 우리 페이스 밴쿠버 장로교회 교인들에게도 감사를 전하고 싶다. 우리 쌍둥이 아들 토머스와 매튜가 태어나면서 지난 한 해 동안 슈퍼우먼으로 산 아내에게도 언제나처럼 감사한다.

    젊고 미숙한 목사에게 늘 특별한 도움이 되어 주신(그리고 늘 인내해 주신) 우리 교회의 어르신이신, 돈과 크리스 로버트슨 부부, 폴과 버나스 워커 부부에게 이 책을 헌정한다.

칼케돈 신조

그리스도의 위격을 가장 정교하고도 범교회적으로(ecumenical) 진술한 글은 5세기의 유명한 문서 칼케돈 신조(주후 451년)에서 찾아볼 수 있다. 칼케돈 공의회의 주교회의에서는 치열하고도 복잡한 여러 차례의 논쟁 끝에 아래와 같은 선언에 합의했다.

> 그러므로 우리는 교부들을 따라
> 만장일치로
> 한 분이시며 동일한 성자
> 우리 주 예수 그리스도를 고백할 것을 가르치니
> 그는 하나님으로서도 완전하시고
> 사람으로서도 완전하시며,
> 참 하나님이시고

이성적인 영혼과 몸을 지닌 참인간이시며,
인성을 따라서는 모든 면에서
우리와 본질적으로 동일하시되 죄는 없으시며,
신성을 따라서는
만세 전에 성부에게서 독생하셨고
인성으로는
이제 이 마지막 때에
우리와 우리의 구원을 위해
하나님의 어머니
동정녀 마리아에게서 나셨도다.
이 한 분의 동일하신 그리스도,
성자,
주,
독생자는
두 가지 본성을 입으셨으되
섞이지도,
변하지도,
나뉘지도,
갈리지도 않으며,
연합으로 인해 그 본성의 차이가
사라지지 않고,
오히려 각 본성의 고유성이 유지되어
하나의 위격과 한 본체 안에 결합되어

두 인격으로 갈리거나 나뉘지 않는
한 분의 동일한 성자,
독생자,
말씀이신 하나님,
주 예수 그리스도시니,
이는 그 옛날 선지자들이
그에 대해 선언했고
주 예수 그리스도께서 친히 우리에게 가르치셨으며
교부들의 신조가 우리에게 전해 준 바다.

이 범교회적 신조는 서방 교회에 의해 지금까지 채택되어 왔다. 우리 앞의 이슈는 나사렛 예수에 관한 성경의 증거를, 한 위격이 두 본성을 지녔다고 하는 칼케돈 선언과 어떻게 연결시키느냐 하는 것이다. 이는 쉽지 않은 일이지만, 아주 영광스러운 일이기도 하다. 하나님과 관련된 진리를 아는 우리의 지식이 비록 허약하고 결함이 많긴 하지만, 그럼에도 영광의 주에 관해 말할 때 (고전 2:8) 이에 미치지 못하는 내용을 기대해서는 안 된다.

1.
그리스도의 위격

　질문하기는 대체로 진리를 깨닫는 유용한 방법이다. 그리스도의 위격을 이해하는 데도 여러 질문들의 도움을 받을 수 있다. 예를 들어, 청년 예수가 목공소에서 아버지 요셉을 도울 때, 예수가 아버지에게 특정 목공 도구의 이름을 묻는 게 과연 적절한 일이었을까? 그리스도는 완전한 하나님이었으므로 이미 답을 알고 있었고, 그래서 뭔가를 묻는다는 것은 불필요한 일 아니었을까? 또 이런 질문도 할 수 있다. 그리스도는 영원하신 하나님의 아들인데 과연 기도할 필요가 있었을까? 그저 신자들에게 모범을 보이려고 기도하신 것은 아닐까? 좀 더 까다로운 질문, 내 경험상 대다수가 틀리게 대답하는 질문은, "그리스도에게는 한 가지 뜻만 있는가, 아니면 두 가지 뜻이 있는가?"라는 것이다. 더 나아가,

그리스도께서는 이 땅에서 일하실 때 믿음으로(by faith) 사셨는가, 아니면 보는 것으로(by sight) 사셨는가? 그리스도께서는 하늘에 오르신 후에도 인성을 유지하셨는가? 생각 깊은 그리스도인들은 이를 비롯해 수많은 질문들에 각각 다르게 대답해 왔다. 이런 질문들에 대한 우리의 답변은 전적으로 우리가 그리스도의 위격에 대해 어떤 견해를 갖고 있느냐에 달려 있다.

아마도 좀 더 근본적인 질문 하나를 먼저 생각해 보고 난 뒤 다른 질문들에 답변해야 할 텐데, 그 근본적 질문은 바로 "그리스도는 왜 세상에 오셨는가?"이다. 기독론은 그리스도의 위격과 사역에 대한 이해를 다루는데, 성경에서는 그리스도의 사역에 앞서 보통 그리스도의 위격을 먼저 논한다(요한복음 1장과 히브리서 1-2장을 보라). 기독론의 이 두 측면은 서로 밀접하게 연관되어 있어서, 그리스도의 사역까지 논하지 않은 채 그리스도의 위격을 논하기는 사실상 불가능하다. 또한 그리스도가 어떤 분인지에 대한 이해가 없으면 그리스도의 사역을 알기도 불가능하다. 그리스도가 어떤 분인지 알면 왜 그리스도만이 죄인을 구원할 수 있는지 이해할 수 있게 된다!

쿠르 데우스 호모?(*CUR DEUS HOMO*, **하나님은 왜 인간이 되셨는가?**)
기독론 연구의 출발점으로, 명민한 11세기 신학자 캔터베리의 안셀무스(1033-1109)가 제기한 질문을 먼저 생각해 보겠다. 안셀무스는 『쿠르 데우스 호모』라는 제목의 유명한 저서를 남겼는데, 이는 '하나님은 왜 인간이 되셨는가?'라고 번역할 수 있을 것이다. 이 질문에는 여러 위대한 신학자들, 심지어 동일한 신학 전통 안에 있는 신학자들까지도 각각 다르게 답변해 왔다.

종교개혁 시대는 물론 그 후 몇 세기 동안 개혁파 신학자들 사이에서는 안셀무스 사상의 뚜렷한 흐름을 간파할 수 있다. 예를 들어, 장 칼뱅과 존 오웬 같은 신학자들은 그리스도의 대속(代贖)의 필요성에 관한 안셀무스의 사상을 이어받아, 그리스도께서는 죄가 끼친 피해를 복구하려고 세상에 오셨다고 주장했다.[1] 하지만, 청교도 신학자 토머스 굿윈은 그리스도께서 하나님 백성의 구원보다 '더 높은 목적'을 위해 중보자로 정해졌다고 주장했다. 굿윈의 말에 따르면, 성자께서 인간이 되신 가장 큰 이유는 죄인들이 성자의 공로 있는 사역에 의해 구원받도록 하기 위해서가 아니었다. 물론 그것도 한 가지 이유이긴 하지만 말이다. 굿윈이 생각하기에 그리스도께서 획득한 은택들은 "우리에게 주신 그리스도의 위격이라는 선물에 한참 미치지 못하며, 그리스도의 위격의 영광 자체에는 더더욱 미치지 못한다. 그리스도의 위격은 그 모든 은택에 있을 수 있는 가치보다 무한히 더 가치 있다."[2] 그러므로 하나님의 "주 목표는 우리를 위해 그리스도를 세상으로 데리고 오시는 것이 아니라 그리스도를 위해 우리를 데려가시는 것이다. … 하나님께서는 만사가, 심지어 구속 자체도 우리의 구원보다는 그리스도의 영광을 드러내는 것이 되게 하셨다."[3] 굿윈의 말은 주목할 만하다.

그런데 이런 입장을 지닌 사람이 굿윈만은 아니었다. 또 한 사람의 청교도 스티븐 차녹(Stephen Charnock)도 "그리스도에게는 구주라는 직분보다 더 탁월하고 훌륭한 뭔가가 있다. 그리스도의 위격의 위대함은 그분의 죽음으로 발생하는 구원보다 더 탁월하다."라고 주장했다.[4] 그리스도의 위격에 관한 가장 장엄한 진술은 아마 바울이 골로새 교회에 보낸 편지에서 찾을 수 있을 것이다. 이 편지에서 바울은 그리스도를 가리켜 "보이지 아니하는 하나님의 형상"(골 1:15; 히 1:3도 보라)이라고 말한다. 그리스도의 위격을 그렇게 선언한 뒤 이어지는 내용은 그리스도께서 하신 모든 일, 그리고 지금도 여전히 하고 계신 모든 일은 다 그분의 위격의 영광에 달려 있고 그 영광을 반영한다는 사실을 보여 준다.

나는 이 시대가 다루는 수많은 기독론의 논제에서 굿윈과 차녹이 역설하는 내용이 거의 실종되었다는 생각을 금할 수가 없다. 그리스도를 보는 우리 자신의 시각에서도 아마 마찬가지일 것이다. 그리스도께서 우리를 위해 해 주신 일에만 집중하다 보니 그리스도의 위격의 영광은 뒷전으로 밀려나고 말았다. 그리스도의 영광은 기독론의 논제에 딸린 부록이 아니다. 그리스도의 영광은 우리가 그분의 위격과 사역에 관해 말할 수 있는 모든 것의 절정인 만큼, 그 영광은 우리가 그분의 위격과 사역에 대해 말해야 하는 가장 기본적 이유를 제공한다. 이 영광이야말로 우리가 천국에서 그리스도를 영원히 즐거워할 수 있는 근거이자 그 즐거움의 완성이라는 점에서 말이다. 따라서 안셀무스의 질문에 답변할 때, 구원의 필요성을 그리스도의 성육신의 한 목표로 강조하는 것은 잘못이 아니다. 하지만 우리의 구원을 먼저 생각하고 그리스도의 위격적 영광은 그 구원 사역에 부수되는 것 정도로 취급한다면 이는 온전한 진리를 말하는 게 아니다. 이사야 선지자가 기록하고 있다시피, 하나님께서는 자기 자녀에 대해 "내[그리스도의] 이름으로 불려지는 모든 자 곧 내가[그가] 내[그의] 영광을 위하여 창조한 자 … 내가[그가] 지었고 … 내가[그가] 만"든 자라고 말씀하신다(사 43:7).

'위로부터의' 기독론

성자의 성육신을 논할 때는 '아래'(below)로부터보다는 '위'(above)로부터의 기독론으로 이야기를 시작하는 방법밖에 없다. '위'로부터 시작한다는 것은 신약성경에서 볼 수 있는 패턴, 즉 그리스도의 신성('위')에 먼저 초점을 맞추고, 그런 다음 그리스도의 인성('아래')을 다루는 패턴을 생각해 본다는 말이다. 이를 위해서는 요한복음 서두를 검토해 보기만 하면 되는데, 요한복음 1장 1절에서는 그리스도의 신성과 인성에 대해 오해의 여지 없이 명백히 말한다. 그러고 나서 요한은 14절에서, 하나님과 '직접 대면하는'(face-to-face) 분이시요 하나님이신 말씀(Word)이 "육신이 되"었다고 단언한다. 로마서 3:21 이하가 바울이 바리새인들의 종교를 향해 퍼부은 핵폭탄이라고 한다면, 유대인들이 예수에 대해 갖고 있던 개념을 논박하는 말로서 요한은 여호와이신 말씀이 육신이 되었다는 말보다 더 적절한 말은 찾을 수 없었을 것이다.

히브리서 기자도 '위'로부터의 기독론으로 편지를 시작한다. 히브리서 1장과 2장을 비교해 보면, 1장은 그리스도의 신성을 비교적 자세히 다루는 반면에 2장은 주로 그리스도의 인성에 초점을 맞추는 것을 알 수 있다. 사례가 될 수 있는 여러 본문 중 마지막 예는 빌립보서 2장에 기록된 바울의 '그리스도 찬가'로, 그리스도에 대한 우리의 견해를 형성하는 데 아주 중요한 내용을 진술하고 있다. 이 본문에서는 높음-낮음-높음이라는 변화를 간파할 수 있는데, 여기서 그리스도는 성육신과 십자가에서의 순종을 통해 자기를 낮춤으로써 종이 되신다. 하지만 신인(神人)께서는 십자가에서 죽기까지 순종하심으로 인해 성부에 의해 높임을 받으시고 '주'(Lord)라는 하나님의 이름을 부여받으신다. 빌립보서의 이 부분에 대해서는 나중에 좀 더 자세히 이야기하게 될 테지만, 이 찬가에서 기독론이 '아래'로부터가 아니라 '위'로부터 시작된다는 점만은 분명하다. 그리스도의 위격에 대해 바른 인식을 갖고자 한다면 이 점이 절대적으로 중요하다.

이 점이 왜 그렇게 중요한가? 우리는 그리스도를 '슈퍼맨'으로 생각하는 경향이 있다. 즉, 우리는 그리스도가 '참 하나님에게서 나신 참 하나님'(아우토테오스, *autotheos* - 하나님 자신)이시며, 모든 면에서 성부·성령과 동등한 분이심을 제대로 믿지 못하는 것이다. 그리스도를 일종의 '슈퍼맨'으로 보게 되면 그리스도의 참된 인성 또한 제대로 인식하지 못하게 된다. 물론 삼위일체 교리처럼 성육신 사실은 큰 신비이며, 우리의 유한한 이해력으로는 그 신비의 진리를 완전히 다 알 수가 없다. 많은 그리스도인들이 그리스도를 '슈퍼맨'으로 생각해 버림으로써 이 신비를 그럭저럭 이해해 넘긴다는 것은 왜 신학의 바로 이 영역에서 특정 이단들(예를 들어, 아리우스주의나 여호와의증인 같은)이 그렇게 융성해 왔으며 지금도 융성하고 있는지를 설명해 준다. 많은 신학적 오류의 기본 모드(default mode)는, 우리 이성의 이해 범위 너머에 있는 기독교의 여러 가지 신비들을 기꺼이 감수하려 하지 않고 어떻게든 하나님을 우리 생각의 틀 속에 넣어 이해하려고 애쓰는 바로 그때 시작된다.

 아리우스주의(Arianism)는 그리스도의 신성을 부인하는 4세기의 '원형적 기독교 이단'을 말한다. 알렉산드리아의 아리우스(250-336년경)는, 로고스는 하나님의 아들이요 종이지 성부 하나님과 동등한 존재가 아니라고 하는 견해를 널리 퍼뜨렸다. 아리우스는 성자를 하나님의 권능으로 보았고, 그리하여 성자를 피조물로 보았다. 성자 이전의 시대가 있었다, 혹은 성자가 존재하지 않던 때가 있었다는 유명한 아리우스의 언명은 이렇게 해서 나왔다. 종교개혁 후 시대에는 소치니파(Socinians)가 성자에 대해 기본적으로 아리우스와 똑같은 입장을 취했다. 오늘날에는 여호와의증인을 비롯해 다수의 사이비 종파들이 아리우스의 입장을 취한다.

하나님의 아들

예수의 신성을 입증하는 논법은 수 세기에 걸쳐 수없이 많이 찾아볼 수 있다. 앞에서 말했다시피, 우리의 기독론은 위로부터 시작해야 한다. 그것이 바로 신약성경에서 볼 수 있는 일반적 모습이기 때문이다. 요한복음 1장과 히브리서 1장 외에, 예수가 성부·성령과 동일한 신성을 지닌다는 다른 증거들로는 또 무엇이 있는가? 요한이 요한계시록에서 이사야를 인용하는 방식은 예수가 거룩하신 하나님의 아들이라는 데 대해 논란의 여지 없는 증거를 제공한다.

다음 구절들을 생각해 보라.

	여호와(이사야)		예수(요한계시록)
41:4	"나 여호와라 처음에도 나요 나중 있을 자에게도 내가 곧 그니라"	1:17-18	"두려워하지 말라 나는 처음이요 마지막이니 곧 살아 있는 자라"
44:6	"나는 처음이요 나는 마지막이라 나 외에 다른 신이 없느니라"	2:8	"서머나 교회의 사자에게 편지하라 처음이며 마지막이요 죽었다가 살아나신 이가 이르시되"
48:12	"나는 그니 나는 처음이요 또 나는 마지막이라"	22:13	"나는 알파와 오메가요 처음과 마지막이요 시작과 마침이라"

구약성경에 대해 남다른 지식을 갖고 있던 요한이 부활하신 영광의 주는 인간일 뿐만 아니라 거룩하신 주님이기도 하다고 아무 의심 없이 믿었다는 데에는 의문의 여지가 없다. 요한은 하나님의 이름을 예수에게 돌린다. 출애굽기 3:14은 하나님의 거룩한 이름(YHWH)이 무슨 뜻인지 설명한다. ESV 성경의 번역을 보면 이는 "나는 나다."(I AM WHO I AM.)라는 뜻이다. 문맥으로 볼 때 YHWH는 "나는 앞으로의 나일 것이다.", 혹은 "나는 지금까지의 나일 것이다."라고 번역해도 좋을 텐데, 이는 하나님의 영원성과 불변성을 말하는 표현이다. 이는 처음(the first)과 나중(the last)에 대한 이사야의 말이 하나님의 이름에 대한 재진술일 것이라는 의

미이며, 예수가 알파와 오메가라는 요한의 주장(계 22:13)은 예수가 여호와라는 의미다.

요한은 이사야서에서 그리스도의 신성을 증명하는 또 한 구절을 언급한다. 이사야 6장에서 이사야는 "만군의 여호와이신 왕"(사 6:5)을 뵈었다고 말한다. 이사야에게 하나님의 환상이 주어졌다는 점은 아무도 논박하지 않는다. 하지만 요한은 자신의 복음서에서 이사야 6장을 상당 부분 인용하면서 이사야가 "이렇게 말한 것은 주의[예수의] 영광을 보고 주를 가리켜 말한 것"(요 12:41)이라고 주장한다. 더 나아가, 예수는 주(여호와)이시기에 "창세전에 내가 아버지와 함께 가졌던 영화로써"(요 17:5) 아버지의 임재 가운데 자신을 영화롭게 해 달라고 아버지에게 간구할 수 있다. 물론 이사야서에서 우리는 하나님께서 자기 영광을 누구에게도 주시지 않는다는 말씀을 보는데(사 42:8), 이는 곧 그리스도께서 자신에게 아무런 정당한 권리가 없는 가증스러운 요구를 하고 있다는 뜻이거나 혹은 그리스도는 정말로 영원하신 하나님의 아들로서 자신에게 속한 하나님의 영광을 누릴 자격이 있다는 뜻이거나, 이 둘 중 하나다.

바울도 그리스도 찬가(빌 2:5-11)에서 이사야의 표현을 빌려 그리스도의 신성을 증명한다. 낮아지신 종이 영원한 하나님이시기도 하다는 사실을 바울이 확증하는 구절로는 6절("그는 근본 하나님의 본체시나")이 확실해 보이지만, 9-11절은 이사야 45:22-23을 중요한 배경으로 삼고 있다.

빌립보서 2:9-11에서 바울은 하나님께서 예수에게 영광을 주셨으며 이사야의 말에 따를 때 그 영광은 오직 하나님께만 속한 영광이라고 단언한다. 이사야 45:22-23을 보면, 하나님 앞에 "모든 무릎이 꿇"을 것이라고 한다. 그러므로 바울의 말은, 예수가 여호와와 동일한 신분을 누린다는 뜻이다. 이 말은 그리스도 찬가 초반부(6절, "그는 근본 하나님의 본체시나 하나님과 동등됨을 취할 것으로 여기지 아니하시고")에 비춰 해석하면 완벽히 이해가 가며, 무엇보다도 문제의 "이름"(10절)이 신명사문자(Tetragrammaton, YHWH), 즉 여호와임을 알려 준다. 따라서 예수는 단순히 한 사람의 주(a lord)가 아니라 거룩한 주님(the divine Lord)이시다. 아래와 같은 상관관계를 보라.

이사야 45:22-23	빌립보서 2:9-11
"땅의 모든 끝이여 내게로 돌이켜 구원을 받으라 나는 하나님이라 다른 이가 없느니라 내가 나를 두고 맹세하기를 내 입에서 공의로운 말이 나갔은즉 돌아오지 아니하나니 내게 모든 무릎이 꿇겠고 모든 혀가 맹세하리라 하였노라"	"이러므로 하나님이 그를 지극히 높여 모든 이름 위에 뛰어난 이름을 주사 하늘에 있는 자들과 땅에 있는 자들과 땅 아래에 있는 자들로 모든 무릎을 예수의 이름에 꿇게 하시고 모든 입으로 예수 그리스도를 주라 시인하여 하나님 아버지께 영광을 돌리게 하셨느니라"

성육신: 하나님이 행하신 가장 기이한 일

기독교의 수많은 신비 중에서 성육신은 삼위일체와 더불어 가장 놀라운 신비다. 어떤 학자들은 동방 정교가 성육신에서 속죄를(때로는 부활을) 강조함으로써 서방 기독교에 비해 성육신의 중심을 더 정당하게 다루었다고 말한다. 하지만 이는 진실이라기보다 진실을 풍자하는 말에 더 가깝다. 개혁파 신학자들은 성육신을 소중히 여겼다. 이들은 흔히 성육신을 하나님께서 행하신 일 중 가장 기이한 일로 기록했다. 토머스 굿윈의 표현을 빌리자면, 하나님께서 인간이 되셨을 때 하늘과 땅이 입을 맞췄다. 이것이 얼마나 놀라운 진리인지 실감하겠는가?

두 본성의 이 연합은 양극단의 거리를 뛰어넘은 것이다. 창조주께서 피조물과 하나가 되신다. 두 본성의 연합에서 우리는 영원과 순간, 영원한 복과 잠시의 슬픔, 전능함과 연약함, 전지함과 무지, 불변성과 가변성, 무한과 유한을 본다. 본질적으로 다른 이 모든 속성들이 예수 그리스도의 위격에서 만난다. 하나님을 인간으로, 혹은 인간을 하나님으로 만들지 않기 위해서는 영원하신 하나님의 아들이 인간 본성(human nature)을 취한 것이지 인간 인격(human person)을 취하신 게 아니라고 말할 수 있도록 조심해야 한다. 그리스도는 한 인간이셨다. 그리스도에게는 진짜 인성이 있었고, 이성적 사고를 할 수 있는 정신도 이 인성에 포함된다. 하지만 그리스도는 단 한 순간도 하나님의 아들과 분리된 것으로 여겨지는 인물인 적이 없었다. 그리스도의 인성은 하나님의 아들이라는 위격 가운데 존재한다. 그리스도의 인성이 별개의 인격체를 가졌다면, 두 인격이 결합되어 있는 셈이었을 것이다. 이는 받아들이기 어려운 일임이 분명하다.

 네스토리우스파(Nestorianism)는 그리스도 안에 인간의 인격과 신의 인격, 두 개의 구별된 인격이 있다는 입장이다. 많은 이들이 이 견해를 콘스탄티노플의 네스토리우스(381-452년경)에게서 기원하는 것으로 보지만 이는 네스토리우스의 가르침에 비춰 볼 때 매우 부당한 처사다. 그의 가르침은 기본적으로 정통적 가르침이기 때문이다. '네스토리우스파'가 오류인 것은, 성자는 참된 인성(몸과 영혼)을 취하셨지 이미 정체성을 지니고 있는 별개의 인간 인격을 취하신 게 아니기 때문이다. 가설적으로, 만약 성자가 구별된 개별 인격체를 취하셨다고 한다면, 다른 사람은 아무도 구원을 받지 못하고 오직 그 개별 인격체만 성자에게 구원받을 수 있었을 것이다.

로고스가 로고스에 의해 인성을 취하셨음을(다른 인격을 취하셨다는 것과 반대되는 입장으로서) 일컫는 기술적 용어는 '비인격'(anhypostasis)이다. 이는 인성이 로고스에 의해 '인격화된'('hypostatized') 것을 말한다. 그러므로 "말씀이 육신이 되"었다는(요 1:14) 말은 두 본성의 이 인격적 연합을 말하는 것이지 신성이 여하튼 인성으로 변했다는 말이 아니다. 신적 본질은 변화되어서 누구에게 전해질 수 없다. 신학자들은 이 연합을 가리켜 위격적 연합(hypostatic union), 즉 그리스도의 위격 안에서 신성과 인성이 연합된 것이라고 말한다. 위격적 연합 때문에 우리는 그리스도를 '복합적 존재'(complex person)라고 말한다. 즉, 성부의 위격이나 성령의 위격과 달리 그리스도의 위격은 성육신 이후 늘 두 본성을 수반한다(다시 말하지만, 두 개의 인격은 분명 아니다).

이는 쉬이 이해하기 어려운 말일 수 있다. 생각건대 한 위격에서 두 본성이 위격적 연합을 이루는 데는 단일한 심리적 중심이 필요하지 않다는 것이 내 주장이기 때문에 그런 것일 수도 있다. 마치 성자의 '생각'이 오직 인간의 몸만을 취한 것이기라도 한 양 말이다. 우리는 인격적이라 하면 곧 심리적인 것과 동일시하는 데 익숙하다. 내가 말하는 '인격'(person)이란 그리스도의 정체를 뜻한다. "두 가지 본성을 입으셨으되 섞이지도, 변하지도, 나뉘지도, 갈리지도"(칼케돈 신조) 않는 분 말이다. 죄를 별개로 했을 때, 무엇이든 인성에 당연히 있는 것은 그리스도에게도 당연히 있는 것으로 단언되어야 한다. 무엇이든 신성에 속한 것은 다 그리스도에게도 있다고 단언해야 하는 것처럼 말이다. 이것이 바로 성육신의 신비다. 이렇게 인성을 취하심으로써 그리스도는 하나님 고유의 자기의식과 똑같은 것으로 여겨져서는 안 되는 독특한 심리를 지닌 인간의 몸과 영혼을 취하셨다. 하지만 그리스도의 인성의 성질에 대해서도 좀 더 이야기해야 한다.

 아폴리나리우스주의(Apollinarianism)는 창시자인 라오디게아의 아폴리나리우스(Apollinaris of Laodicea: 315-392년경)에게서 시작되며, 아폴리나리우스는 4세기의 아리우스파에 극렬히 반대했다. 하지만 아리우스파에 반대하는 중에 그는 성육신 때 성자는 인간의 정신(mind)을 취하지 않았다고 주장하는 치명적 오류를 범했다. 그 대신 신적 '정신'(영혼)이 인간의 몸을 취했다는 것이다. 이 오류는 오늘날 교회에서도 아주 흔히 볼 수 있다. 성자는 참된 인성과 스스로 연합했으며, 이 인성에는 '이성적으로 생각할 줄 아는 영혼과 몸'(칼케돈 신조에서 말하듯)도 포함되었다. 양태론(modalist) 이단은 한 분 하나님을 절대적인 분으로 대하고 삼위는 파생적 존재로, 그래서 성부 · 성자 · 성령은 하나님 자체가 어떤 분이신지를 반영하지 않는 것으로 대한다. 하나님은 분리할 수 없는 연합 안에서 영원히 구별된 삼위라고 하는 교회의 고백은 성경에서 개인과 공동체를 제대로 이해하기 위한 성경적 토대다.

안셀무스의 기본 사상에 따르면, 성자께서는 자기 백성의 몸과 영혼을 구원하기 위해 인성을 취하셔야 했다. 그런데 그리스도께서는 완전한 상태의 인성을 취하셨는가? 이는 어느 교파에 속해 있든 상관없이 신학자들에게는 특히 해결 곤란한 질문이었다. 성경은 그리스도의 인성이 무죄했다는 개념을 가리키지만, 그 인성은 인간이 죄에 빠짐으로써 받게 된 저주의 한 부분인 육체의 연약함으로 인해 고통을 받았다. 요한복음 1:14의 "말씀이 육신이 되었다"는 구절은 그리스도께서 타락의 결과인 육체의 연약함으로 옷 입은 인성을 취하셨다는 말인 듯하다. 로마서 8:3에서 바울이 "자기 아들을 죄 있는 육신의 모양으로 보내어"라고 말한 것에도 주목하라. '육신' 혹은 '죄 있는 육신의 모양'이라는 말이 무슨 뜻인지 논할 때 우리는 좀 조심스럽게 걸음을 내디뎌야 한다.

그리스도께서 타락 후 인간의 본질을 특징짓는 육신의 연약함을 모두 다 취하시지는 않은 게 분명하다. "고통스러운 연약함"과 "죄 된 연약함"은 구별해야 한다. 그리스도는 "죄 된 연약함"에서는 전적으로 자유로우셨다. 하지만 "고통스러운 연약함"에 관해 말하자면, 그리스도께서는 이 연약함의 한 측면만을 감당하셨을 뿐인 것으로 보인다. 무슨 말인가 하면, 인간이 겪는 "고통스러운 연약함"은 질병(예를 들어 나병 같은)의 형태로 드러나는 연약함과 고통·비탄·슬픔처럼 "자연스러운" 연약함으로 나뉠 수 있다는 것이다. 우리가 아는 한, 그리스도께서는 질병, 이를테면 나병 같은 것에 걸리는 분은 아니었다. 그런데 성경은 그리스도가 "간고를 많이 겪었으며 질고를 아는 자"(사 53:3)라고 분명히 말한다. 요약하자면, 고통스러운 연약함과 관련해 그리스도께서 어떤 형태의 질병을 앓았거나 건강에 이상이 있었다는 말은 성경에서 전혀 볼 수 없지만, 간고와 질고, 즉 비탄과 고통은 경험하셨다고 성경이 단언한다는 것이다. 다시 말해, 그리스도는 우리가 인간이기 때문에 모든 면에서 우리와 유사하신 것이지 우리 본성의 모든 연약함을 좇아 우리와 유사하신 것이 아니다. 이 기준을 고려해 이제부터는 그리스도께서 겪으신 참으로 인간적인 체험에 대해 우리가 어떻게 말할 수 있는지 보여 주는 것을 목표로 삼겠다. 그 전에 먼저 성육신과 관련해 우리가 흔히 품는 오해 한 가지를 없애야 한다.

일부 그리스도인들, 심지어 일부 신학자들도 그리스도의 신성이 그리스도의 영혼을 대신했다고 주장한다. 이들은 그리스도가 인간의 몸을 소유했음은 쉽게 인정하면서도 어찌된 일인지 그리스도의 영혼은 성자의 위격이었다고 생각한다. 하지만 그리스도는 완전히 인간이었기 때문에, 자신의 도덕적 행위의 직접 원리인 영혼을 소유하셨다. 우리의 영혼이 그러하듯 말이다. 만약 그리스도께서 인간의 몸과 인간의 영혼 둘 다 소유하지 않으셨다면, 성육신은 완전히 발생한 게 아니었으며, 우리 인성의 어느 측면은 구속받을 수 없었을 것이다. 초대교회 교부 나지안주스의 그레고리우스(Gregory Nazianzen)가 선포한 유명한 말처럼 "그분은 자신이 취하지 않은 것은 치유하지 않으셨다."[5]

요약하는 의미에서, 스티븐 차녹이 이 기이한 일을 얼마나 잘 설명했는지 보자. "이 얼마나 기이한가, 무한히 거리가 먼 두 본성이 세상 그 무엇보다도 친밀하게 연합되다니. 그러면서도 그 어떤 혼란도 없다니! 한 존재가 영광과 간고를 다 알다니, 신성으로는 무한한 기쁨을, 인성으로는 말로 다 할 수 없는 슬픔을 알다니! 보좌에 앉으신 하나님이 요람 속 아이가 되시다니. 벽력처럼 소리 내시는 창조주가 우는 갓난아기와 고통당하는 인간이 되신다는 것은 자기를 낮추는 사랑은 물론 강한 능력의 표현으로서, 이는 땅의 인간과 하늘의 천사들을 놀라게 한다."[6] 성육신은 실로 하나님께서 하신 가장 큰 일이다.

 하나님께서 성육신보다 더 위대한 일을 행하실 수 있었을까?

두 본성과 한 위격: 그래서 어떻다는 것인가?

그리스도인이라면 누구나 성육신의 진리, 즉 하나님이 육신이 되셨다는 사실을 확언해야 한다. 하지만 가장 장엄한 진리는 언제나 가장 논란이 되는 진리이기도 하다. 하나의 신조(信條)가 작성될 때에는 대개 격렬한 논쟁이 선행되곤 한다. 니케아 신조(주후 325년)와 칼케돈 신조(주후 451년) 같은 범교회적 신조가 작성될 때도 마찬가지였다. 칼케돈 신조는 예수 그리스도의 위격에 관해

진술하고 있는데, 정통을 자처하는 그리스도인이라면 누구나 이 진술을 믿고 단언해야 한다. 그렇지만 그리스도인이라고 해서 모두 다 이 신조를 동일하게 해석하지는 않는다. 칼케돈 신조는 너무 간략해서 다양한 해석의 여지가 있다고 어떤 이들은 주장한다. 각 신앙 전통마다 칼케돈 신조를 다르게 해석한다는 것은 의문의 여지가 없는 사실인데, 이것은 5세기 알렉산드리아 사상학파와 안디옥 사상학파 사이에서 벌어진 격렬한 기독론 논쟁의 결과라고 보는 것이 이 다양성을 이해하는 열쇠다. 이 두 학파는 역사적으로 각각의 대표적 신학자와 엮여 있는데, 알렉산드리아 학파를 대표하는 이는 알렉산드리아의 키릴루스(Cyril of Alexandria)이고, 안디옥 학파를 대표하는 이는 네스토리우스(Nestorius)다.[7] 이 짤막한 책에서는 이 두 학파의 다양한 논쟁들을 다 살펴볼 공간이 충분치 않다. 다만 칼케돈 신조는 두 학파 모두 수긍할 수 있는 문서이되, 네스토리우스가 비교적 더 마음에 들어 했던(어떤 이들은 아마 이 점에 놀랄 것이다) 문서인 듯하다.

학자들은 이 신조의 표현으로 볼 때 어느 측이 승리한 것으로 보이는지를 두고 논쟁을 계속한다. 그럼에도 대다수 학자들이 인정하는 점은, 이 신조가 그리스도의 위격과 신성의 연합을 강조하는 알렉산드리아 학파의 주장과 그리스도의 신성과 인성이 구별됨을 강조하는 안디옥 학파의 주장을 다 담고 있다는 것이다.

이 점에 지나치게 단순하게 반응한다면 그것은 어쩌면 이 두 학파의 강조점이 서로 전적으로 일치한다는 암시일 것이다. 따지고 보면 우리는 나사렛 예수가 두 본성을 지닌 한 위격임을 다 고백하지 않는가? 물론이다. 하지만 이 논쟁의 핵심 쟁점은 이 위격의 정체에 관한 것이다. 달리 말해, 우리는 이 위격을 로고스와 동일시하는가(알렉산드리아 학파의 입장), 아니면 그리스도의 전(whole) 존재와 동일시하는가(안디옥 학파의 입장이자 장 칼뱅의 입장)? 답변은 아래에서 할 테지만, 이 질문에는 우리가 어떻게 해서 뚜렷이 개혁파적인 기독론에 도달하는가와 관련해 특별한 중요성이 담겨 있다.

서구 교회의 신학자들은 그리스도의 두 본성을 구별해야 한다고 강조해 왔다. 즉, 그리스도는 인간과 동일본질(*homoousios*, '한 실체/본질')이시며 하나님과 동일본질이시라는 것이다. 하지만 로마 가톨릭과 루터교와 개혁파 신학자들은 이 구별을 저마다 다르게 이해했다. 로마 가톨릭 신학자들이(비록 로마 가톨릭 안에서도 대다수 신학 쟁점들에 대해 여러 신학자들이 다양한 궤적을 그리고 있지만) 두 본성의 연합(위격의 연합)을 전형적으로 어떻게 이해했는지를 헤르만 바빙크(Herman Bavinck)의 표현을 빌려 말하자면, 이 연합은 신성이 "마치 쇠에 열기가 스며들 듯 인성으로 완전히 스며들어 불태워, 신의 영광과 지혜와 권능에 참여하게 만든다."라는 뜻이라고 한다.[8] 신의 속성이 아니라 신의 은사가 성육신 때 그리스도의 인성에 직접 전달된다. 이 때문에 그리스도는 이 땅에서 순례자였을 뿐만 아니라 인간이 알 수 있는 모든 것을 완전히 다 아는 존재였다. 보는 것으로(by sight)가 아니라 믿음으로(by faith) 행하는 신자들과 달리 그리스도께서는 보는 것으로 행하셨다는 것이다.

그러므로 이 견해에 따를 때 그리스도는 믿음으로써나 소망으로 사신 게 아니라고 바빙크는 덧붙인다. 왜냐하면 "그리스도의 인성이 발휘할 수 있었던 모든 은사는 점진적으로 주어진 게 아니라 성육신 때 한꺼번에 주어졌기 때문이다. … 그리스도의 지혜가 자라갔다는 말은(눅 2:52) 객관적인 것이 아니라 주관적인 것으로 이해해야 한다. 이는 다른 은사에서도 마찬가지였던 것 같다. 기도하실 때 그리스도는 뭔가가 부족해서 기도하신 게 아니라 우리를 위해서, 우리에게 본을 보이려고 기도하셨다. 사실상 예수는 어린아이였던 적이 없다. 예수는 처음부터 성인이었다."[9] 그렇다면, 로마 가톨릭의 관점에서, 서두에서 언급한 몇 가지 질문들은 이 관점이 그리스도의 두 본성 사이의 관계를 어떻게 말하고 있는지를 근거로 답변되어 왔다. 즉, 예수는 어떤 목공 도구를 쓰는 게 좋은지 이미 알고 있었으므로 아버지에게 물을 필요가 없었다. 또한 믿음으로써가 아니라 보는 것으로써 살았기 때문에 기도할 필요가 없었다.

　로마 가톨릭의 기독론은 루터교에서 짝을 만난다. 루터교도 완전히 통일된 신앙 전통이 아니지만 그럼에도 루터교의 기독론은 기본적으로 위격의 연합을 통해 신의 속성이 그리스도의 인성에 전달된다고 하는 개념으로 요약될 수 있다. 루터교는 여전히 그리스도의 두 본성 사이의 구별을 주장했지만, 그러면서도 성육신 때 그리스도의 인성이 다수의 신적 속성을 즉각, 그리고 직접적으로 소유한다고 말했다. 예를 들어, 전능성이 그리스도의 인성에 전달된다는 것이다. 개혁파 신학자들이 보기에 이는 수용할 수 없을 뿐만 아니라 말이 안 되는 견해였다.

　전능함은 하나님의 본질에 속한다. 달리 말해, 전능하다는 것은 곧 하나님이라는 뜻이다. 그리고 하나님의 본질은 나뉠 수 없다. 신학자들은 이것을 가리켜 '하나님의 단순성(simplicity)'이라고 한다. 즉, 하나님은 여러 가지 부분(parts)으로 이뤄진 분이 아니다. 그래서 하나님의 지혜는 곧 하나님의 권능이고, 하나님의 권능은 곧 하나님의 선하심이다. 하나님의 본질은 나뉠 수 없기에, 만약 전능성이 그리스도의 인성에 전달되었다면 영원성과 자존성을 포함해 다른 모든 속성들도 마찬가지일 것이다. 그렇다면 인성이 하나님이 될 거라는 말이 된다. 하나님은 변하거나 뭔가가 될 수 없는 분인데 말이다. 물론 이는 그리스도에게 인성이 아예 없었다는 뜻일 것이다.

위의 주장에 담긴 또 한 가지 함축적 의미는, 영원성이 그리스도의 인성에 전달될 터였으므로 그리스도는 유한한 시간 속에서 때가 되어 인성을 받지 않았다는 것이다. 이는 기독론이 어떻게 해서 성찬 논쟁과 밀접하게 연관되었는지를 설명해 준다. 루터교는 성찬에 그리스도의 몸이 임재한다고 주장했고, 따라서 이들은 그리스도의 인성의 편재를 말해야 했으며, 이는 루터교가 그리스도의 위격에서 속성들의 관계를 이해하는 독특한 방식이다. 바빙크는 로마 가톨릭 신학자와 루터교 신학자 모두 "인성에게 정해져 있는 경계 너머로 인성을 고양시킬 뿐만 아니라 예수가 인간으로서 성장 발달하는 것과 낮아지신 상태 모두를 단순한 외양의 차원으로 푼다는 의미에서 서로 의견이 같다."라고 주장했는데,[10] 이는 확실히 맞는 말이다.

유티케스주의(Eutychianism)는 콘스탄티노플의 유티케스(Eutyches of Constantinople: 378-454년)의 견해를 말하는데, 유티케스는 그리스도의 두 본성의 관계를 어떻게 이해해야 하는지에 대해 모호한 태도를 보였다. 간단히 말해, 유티케스의 오류는 그리스도의 인성과 신성을 '혼합'한 데서 비롯되었다. 이는 유티케스가 그리스도를 보는 시각은 그리스도가 "범사에 형제들과 같이"(히 2:17) 되는 것을 용납하지 않는다는 뜻이다. 칼케돈 신조에서 "두 가지 본성을 입으셨으되 섞이지도, 변하지도 않으신다."라는 구절은 유티케스의 입장과 상충된다는 점에도 주목하라. 여러 신학 전통에 속한 신학자들이 루터교의 기독론은 어떤 면에서 유티케스의 입장과 같다고 (어쩌면 부당하게) 비난했다.

개혁파 신학자들은 두 본성의 관계에 관한 위의 두 입장을 다 배격했다. 이들이 그렇게 한 것은 중요한 논리적/신학적 금언, 즉 유한은 무한을 감당할 수 없다, 혹은 유한은 무한을 이해할 수 없다는 사실 때문이다. 이 금언은 낮아지신 상태에서 그리스도의 두 본성뿐만 아니라 높아지신 상태에서의 두 본성에까지도 적용되었다. 그러므로 이는 그리스도의 인성에는 한계가 있었다는 의미였다. 이는 그리스도께서 실제로 유아에서 성인으로 성장 발달하셨다는 뜻이었다. 또한 이는 부활 때 낮아지신 상태에서 높아지신 상태로 실제 변화가 있었다는 뜻이었다(그런 척만 한 것이 아니라). 이것이 바로 그리스도께서 지상 사역의 한 시점에서 "그러나 그날과 그때는 아무도 모르나니 하늘의 천사들도, 아들도 모르고 오직 아버지만 아시느니라"(마 24:36; 참조, 눅 2:52)라고 말씀할 수 있었던 이유다. 이 구절은 그리스도의 두 본성이 서로 구별되어 실재하는 경우에만 가능한 그런 한계와 발전에 대해 말하고 있다.

위의 사실은 한 위격 안에서 두 본성의 구별을 주장하는 것만으로는 충분치 않음을 보여 준다. 더 근본적인 질문이 있는데, 이는 두 본성이 그리스도의 위격 안에서 어떻게 서로 연관되느냐는 것이다. 이 부분에서 개혁파 신학의 최고 진수를 볼 수 있다.

2.
생존했던 인간 중 가장 위대한 인간

'속성의 교류'

그리스도의 두 본성이 서로 어떻게 연관되느냐는 엄청나게 중요한 신학적 질문이다. 앞에서 말했다시피, 그리스도가 두 본성을 지닌 한 위격임을 인정하는 것과 그리스도의 두 본성이 서로 어떻게 연관되는지 앞뒤가 맞게 설명하는 것은 전혀 별개의 일이다. 개혁파 신학자들은 전형적으로 '속성의 교류'(the communication of properties)라는 표현을 써서 이 관계를 설명했다. 『웨스트민스터 신앙 고백서』에서 이른바 '속성의 교류'는 비교적 간단히 이해할 수 있는 용어로 설명된다. "그리스도께서는 중보 사역을 하실 때 두 본성에 따라 행하시며, 각 본성에 의해 그 본성 고유의 일을 하신다. 그러나 위격의 단일성 때문에 때로 성경에서는 한 본성에 속한 일이 다른 본성으로 불리는 위격이 하는 일로 돌려지기도 한다."(8장 7항). 이 설명은 대단히 중요하다. 『웨스트민스터 신앙 고백서』가 여기서 단언하는 것은 신인이신 그리스도께서 두 본성에 따라 행하신다는 것이다. 이는 무슨 뜻인가?

그리스도의 권위 있는 사역(예를 들어, 죄를 사하신다든가, 대속의 죽음을 죽으신다든가 하는 것)이 가능함은 그리스도의 신성 때문이다. 그런데 그리스도께서 하신 섬김의 일은 인성으로 하신 일이다. 하지만 두 본성이 한 위격에서 연합되기에 그리스도의 사역은 신인의 사역이지 단순히 한 인간의 사역이 아니다. 기독론의 이 측면은 개혁파 신학자와 로마 가톨릭 신학자 사이의 불화의 주요 근원으로 입증되었다. 로베르토 벨라르미노(Roberto Bellarmino) 같은 로마 가톨릭 신학자는 그리스도께서 오직 인성만을 따라 중보 행위를 하셨다고 주장했다. 그렇지 않을 경우, 그리스도가 참으로 하나님이시라면 하나님이 자기 자신을 상대로 중보를 한 셈이기 때문이라고 말이다. 개혁파 신학자들은 그리스도는 하나님이신 분으로, 인간이신 분으로, 그리고 신인(중보자)이신 분으로 이해해야 한다고 주장했다. 하나님으로서 그리스도는 성부·성령과 동등한 분이시다. 인간으로서 그리스도는 성부·성령에게 예속되며, 늘 예속되실 것이다. 중보자 직분을 행하실 때 성자께서는 자원하여 성부에게 자신을 예속시키고, 택함받은 사람들 편에서 중보하신다. 이때 그리스도께서 하신 일은 단순히 한 인간의 일이 아니다. 이 일은 중보자, 곧 완전한 하나님이시며 완전한 인간이신 분이 하신 일이다. 그러므로 그리스도의 죽음의 가치가 무한함은 그 위격의 가치 때문이다. 달리 말해, 인간이기만 한 분은 엄청나게 많은 사람들이 하나님께 진 빚을 대신 갚을 수 없었을 것이다. 그런데 그리스도는 참된 인성을 지니셨기에 죄인인 인간을 대표해 빚을 갚을 수 있었다.

성경에는 개혁파가 말하는 속성의 교류를 통해서 보아야 본문의 의미가 통하는 사례가 몇 군데 있다. 가장 자주 인용되는 예는 사도행전 20:28이다. "여러분은 자기를 위하여 또는 온 양 떼를 위하여 삼가라 성령이 그들 가운데 여러분을 감독자로 삼고 하나님이 자기 피로 사신 교회를 보살피게 하셨느니라." 학자들은 이 구절을 어떻게 번역해야 하느냐를 두고 논쟁을 벌이지만, 내가 생각하기에 교회는 하나님의 피로 값 주고 산 것이라는 인상을 주는 ESV의 번역이 옳다. 물론 하나님에게는 피가 없고, 참된 인간이신 그리스도가 십자가에서 피를 흘릴 수 있었다. 속성의 교류 교리에 근거해 "때로 성경에서는 한 본성에 속한 일이 다른 본성으로 불리는 위격이 하는 일로 돌려지기도 한다."(『웨스트민스터 신앙고백서』 8장 7항). 그래서 십자가에서 흘린 인간의 피가 하나님의 피로 불릴 수 있음은 이 피가 하나님이신 그리스도의 피였기 때문이다. 이는 그리스도의 위격의 단일성을 옹호하는 게 얼마나 중요한지도 보여 준다.

또 한 예는 요한복음 8:58에 기록된 그리스도의 유명한 선언이다. "예수께서 이르시되 진실로 진실로 너희에게 이르노니 아브라함이 나기 전부터 내가 있느니라 하시니." 이 선언이 얼마나 위력 있었던지 이 말씀을 듣고 유대인들은 돌을 들어 예수를 향해 던졌는데, 왜냐하면 이들이 생각하기에 이 말은 신성모독이었기 때문이다. 그리스도께서는 세상에 태어나신 지 대략 30년쯤 지나 이 말씀을 하셨지만, 단순히 한 인간이 아니고 완전한 하나님(영원하신 아들)이시기도 했기 때문에 육신을 입은 상태에서도 자신의 영원한 자존에 대해 말씀하실 수 있다.

이 교리와 관련해 개혁파 신학자들은 전 그리스도(the whole Christ)와 그리스도의 전체(the whole of Christ)를 조심스럽게 구별했다. 전 그리스도는 편재하지만 그리스도의 전체는 그렇지 않다. 위격의 단일성은 전 그리스도에게 해당되는 개념이며, 두 본성이 구별된다는 것은 그리스도의 전체는 편재할 수 없다는 뜻이다. 달리 말해, 전 그리스도는 그리스도의 위격과 관련되며, 물론 이 위격은 그의 신성을 따라서 편재한다. 하지만 그리스도의 전체는 그리스도의 두 본성에 대해 말하며, 그중 인성은 편재하지 않는다.

그리스도의 뜻은 하나인가, 둘인가?

위의 사실은 그리스도가 완전한 하나님이시자 완전한 인간이심을 분명히 한다. 그리스도에게는 두 본성이 있다. 하지만 그리스도는 한 위격이시다. 노회의 목회자 후보생에서부터 우리 교회 교인들에 이르기까지 여러 사람들에게 나는 자주 질문한다. 그리스도에게는 한 가지 뜻만 있는가, 아니면 두 가지 뜻이 있는가? 전적으로 그렇지는 않지만 대다수 사람들은 그리스도에게 한 가지 뜻만 있다고 대답한다. 하지만 이 대답은 올바르지 않다. 초대교회는 이 질문과 씨름했고, 일의론자들(monothelites, 그리스도에게는 한 가지 뜻만 있다고 주장한 이들)과 씨름했으며, 이들은 680-681년 제6차 세계 공의회(제3차 콘스탄티노플 공의회)가 일의론을 배격하고 이의론(duotheletism, 그리스도에게는 두 가지 뜻이 있다는 견해)을 확언했을 때 정죄받았다. 어떤 이들은 두 본성이 한 위격에서 연합했다는 말을 그리스도에게는 한 가지 뜻만 있다는 의미로 받아들인다. 이런 해석의 문제점은 루터교가 신의 속성이 그리스도의 인성에 전달된다고 주장할 때 부딪치는 문제점과 본질상 똑같다. 하나님의 뜻은 하나의 본질적 속성이며, 그래서 그 특정한 속성을 전달한다는 것은 하나님의 속성 모두를 전달하는 것으로서, 이는 존재론적으로 불가능한 일이다.

그러므로 우리는 그리스도 안에 두 본성의 뜻과 두 본성의 사역이 있어 이 둘은 공동으로 진행하며 나뉘지 않는다는 것을 선언한다. 그리고 쓸데없는 새로운 주장은 그 주장을 창안해 낸 자들과 함께 교회에서 쫓아내며 정당하게 저주하는 바이니, 그 창안자들은 다음과 같다. 파란의 데오도르, 세르기우스와 파울, 피루스, 페테르(콘스탄티노플 대주교였던), 거기다 알렉산드리아의 사제였던 키루스, 이들과 더불어 로마의 통치자 호노리오도 이 일에서 저들의 입장을 따랐다. 이외에, 우리는 가장 적절한 이유로 안디옥 주교 마카리우스와 그의 제자(아니, 그보다는 주인이라고 해야 할) 스테판을 저주하고 면직하는 바이니, 이들은 과거에 자신들과 동일한 주장을 한 자들의 불경건함을 변호하고자 했으며, 요컨대 온 세상을 선동했고, 유해한 서신과 사기성 법령으로 사방에서 수많은 사람들을 놀라게 했다. 마찬가지로 어린아이 수준의 지능으로, 자신이 죽은 자를 살릴 것이라 약속했으며 죽은 자가 일어나지 않자 비웃음을 산 노(老) 폴리크로니우스, 그리고 성육신하신 그리스도 안에 한 가지 뜻과 한 가지 작용이 있다고 가르쳐 왔거나, 가르치거나, 주제넘게 그렇게 가르치려고 하는 모든 자들….

— 로마 교황 호노리오를 포함해 일의론자들을 정죄하는 일에 관해 황제에게 보내는 제6차 세계 공의회 보고서

게다가 그리스도의 뜻이 신적인 뜻이었다면 그분은 완전한 인간이 아니었을 것이다. 참인간으로서 그리스도에게는 필연적으로 참인간의 뜻이 있었다. 하지만 완전한 하나님이시기에 그리스도에게는 신적인 뜻도 있다. 그래서 그리스도에게는 두 가지 뜻

이 있다. 이 사실의 중요성은 아무리 말해지 지나치지 않다. 그리스도께서 인간으로서 지니는 뜻은 필연적으로 자기 백성 대신 하나님께 참순종을 바치게 했다. 사람들은 칭의 교리가 구원론에 관한 교리일 뿐만 아니라 그에 못지않게 기독론에 관한 교리이기도 하다는 사실을 종종 망각한다. 실제로 기독론은 곧 구원론이다. 16세기 재세례파는 로고스의 위격은 인간의 몸만 취했을 뿐 완전한 인성은 지니지 않았다는 입장을 취했다. 당연히 이들은 오직 믿음에 의한 칭의라는 개신교의 교리를 배격했다. 이런 유형의 생각에는 그리스도를 위해 맹렬히 저항해야 한다. 성부의 뜻에 대한 그리스도의 순종은 인간으로서 자신의 마음과 목숨과 뜻과 힘을 다해 하나님을 사랑하는 데서 나온 순종이었다. 이 순종은 대표의 의미를 띤 순종이었고, 그래서 그리스도께서는 자기 자신을 위해서 순종했을 뿐만 아니라 자기 백성을 위해서도 순종하셨다. 아담의 불순종이 자기 모든 후대를 대표하는 불순종이요 후대의 운명을 바꿔 놓는 불순종이었던 것처럼 말이다(롬 5:12-19).

성경에서 우리는 성자께서 자신은 아버지의 뜻을 행하고 있다고 부단히 확언하고 계신 것을 본다. 그래서 생명의 떡 강설에서 그리스도는 이렇게 말씀하신다. "내가 하늘에서 내려온 것은 내 뜻을 행하려 함이 아니요 나를 보내신 이의 뜻을 행하려 함이니라"(요 6:38). 마찬가지로 요한복음 10:17-18에서 그리스도는 아버지께서 자신을 사랑하심은 자신이 양들을 위해 목숨을 내놓았기 때문이라고 주장한다. 그러고 나서 그리스도께서는 자신의 희생적 죽음은 아버지에게서 받은 명령이라고 단언한다. 그리스도가 두 가지 뜻이 아니라 하나의 뜻을 지닌다고 확언하는 것은 하나님 안에 여러 가지 뜻이 있다고 단정함으로써 삼위일체와 관련해 이단 교리를 말하는 셈이다. 그리스도께서 위 구절에서 자신의 뜻을 아버지의 뜻과 구별하고 있으니 말이다. 하나님은 본질이 하나인 분이시고, 그러므로 지식과 뜻도 하나이시다. 성육신할 분으로 정해진 것은 성자뿐이지만, 성삼위의 외적 사역은 나뉘지 않기에 이 명령을 뜻하시고 실행하신 것은 성삼위였다. 즉, 하나님께서 하시는 모든 일에서는 삼위 모두가 동시에, 그리고 불가분의 관계로 일하신다. 어떤 일은 어느 한 위격의 일로 한정된다(예를 들어 성화는 성령 고유의 일이다). 비록 삼위 모두가 필연적으로 연관되기는 하지만 말이다. 아버지의 뜻을 행한다는 것은 성삼위 하나님의 뜻을 행하는 것이다. 그러므로 그리스도의 인간적 뜻은 하나님의 뜻과 완전히 일치했으며, 그리스도의 인간적 뜻은 하나님의 뜻에 대한 순종이었다. 성부께서 그리스도에게 요구한 것은 자신의 뜻에 완전히 순종하라는 것이었다. 심지어 예수께서 세상에 나실 때부터 말이다. 그런데, 그리스도의 순종의 본질을 따져 보기 전에 중요하고도 대체적으로 당혹스러운 질문한 가지를 먼저 살펴보아야 한다. 그것은 "그리스도는 죄를 지을 수 있었는가?"이다.

그리스도는 죄를 지을 수 있었는가?

그리스도에게 하나의 뜻이 아니라 두 가지 뜻이 있었다고 한다면, 그리스도께서도 죄를 지을 수 있었다는 가능성을 열어 두는 것 아닌가? 아니, 그리스도는 죄를 범하실 수 없었는가? 히브리서 기자는 그리스도께서 실제로 우리처럼 모든 면에서 시험을 받으셨으나 죄는 없으셨다고 설명한다(히 4:15). 그런데 이 말은 그리스도께서 죄를 짓기는 불가능했다는 뜻인가? 어떤 신학자들은 그리스도께서 받으신 시험은 그분이 죄를 지을 수 있다는 전제 아래서만 현실성이 있다고 주장한다. 논리적으로 볼 때 그 말에도 일리는 있다. 그리스도는 자신의 신성을 따라서는 시험을 받을 수 없었고 그래서 죄를 지을 수도 없었다(약 1:13). 하지만 우리는 그리스도께서 몸과 영혼으로 구성된 진짜 인성을 소유하셨다는 점에도 주목한다. 우리가 알기로 그리스도께서는 시험을 받으셨고, 이 시험은 진짜였다.

도널드 매클라우드(Donald Macleod)의 말을 빌리자면, "죄짓게 만드는 제안이 주어졌을 때" 그리스도께서는 인성으로는 "이에 마음이 끌리는 것을 느끼셨고, 온 힘을 다해 이 제안을 물리치려고 애쓰셔야 했다."[11] 하지만 그리스도에게는 인성 내부에서 생겨난 죄 된 충동은 없었다. 예수에게는 육체의 연약함이 있었기에(이에 대해서는 앞 장의 설명을 보라) 인간에게서 당연히 볼 수 있는 약함이 있었고, 그래서 예를 들어 배고픔 같은 것을 느끼셨다. 그래서 마귀는 예수가 하나님께 의지하는 게 아니라 떡에만 의지할 것을 기대하고 바로 그 약한 부분에서 예수를 시험했다. 하지만 우리의 처음 질문으로 돌아가서, 그리스도께서 마귀의 시험에 무릎 꿇는 게 있을 수 있는 일이었는가?

짧게 대답하자면, 그런 일은 있을 수 없다. 시험은 확실히 진짜였다. 이 시험에는 많은 것이 걸려 있었고, 게다가 겁내며 물러선다는 것은 그리스도에게는 단 한 번도 있어서는 안 되는 일이었기에 더욱 그러했다(히 10:38). 하지만 그리스도의 위격의 정체성 때문에 그리스도께서 죄를 짓기는 불가능했다. 미국의 개혁파 신학자 셰드(W. G. T. Shedd)가 이 점을 잘 설명한다. "로고스가 인성과 연합하고, 그래서 그 인성으로 하나의 인격체를 구성하면, 로고스는 이 인격체가 이 본성에 의해 행하는 모든 일에 책임을 지게 된다. … 예수 그리스도가 죄를 짓는다면, 하나님이 죄를 짓는 셈일 것이다."[12] 덧붙여서 생각해 볼 것은, 본래 죄를 지을 수 없느냐 하는 문제와 별개로, 그리스도가 죄를 짓는다는 것은 하나님의 작정에 없는 일인 만큼 이는 있을 수 없는 가설이었다는 점이다. 그리스도의 행위가 하나님의 주권적 작정에 포함되는 것은 우리의 행위가 그 작정에 포함되는 것과 마찬가지다. 다른 점이 있다면, 그리스도는 하나님의 작정의 중심에 있는 반면 우리는 그리스도의 영광을 위해 선택된다는 점이다.

 가현설(Docetism)은 헬라어 도케시스(*dokesis*)에서 파생된 말로, '~인 것 같다/~로 보인다'는 뜻이다. 이 이단은 그리스도의 육체를 '영적인' 것으로 본다. 달리 말해, 이 초기(2세기) 이단은 그리스도가 인간의 육체를 지닌 것으로 보였을 뿐이고, 그래서 고난을 당하고 시험당한 것으로 보였을 뿐이라고 말한다. 이 입장에 따른다면 그리스도는 이 땅에서 육체의 모양으로 나타난 영(a spirit)일 뿐이었다.

그러므로 그리스도께서는 이 땅에 계시는 동안 여러 유형의 시험에 직면하셨음에도 평생 그 어떤 죄도 짓지 않으셨다(히 4:15). 그리스도께서는 끝까지 무죄하게 견디셨고, 그런 이유로 시험의 위력을 최대한 실감하셨다. 시험에 저항한다 해도 잠시일 뿐인 우리로서는 그런 식으로 시험의 위력을 실감하지는 못한다. 그리스도께서 받으신 시험의 사실성이 고조되는 것은 평생 단 한 번도 그 시험에 굴복하신 적이 없기 때문이다. 존 머리(John Murray)는 늘 그렇듯 명료하게 이 문제를 설명한다. "그리스도께서 원래 죄를 지을 수 없는 거룩함을 지니셨다는 점이 시험의 타격에 강도(强度)를 더했다. 어떤 사람이 거룩하면 거룩할수록 원수의 유혹을 만날 때 그만큼 더 고통스럽다. … 우리 주님의 경우, 주께서 완전하셨기에 이 고통은 비길 데 없을 만큼 심했다."[13] 죄를 짓는다는 게 자신에게는 불가능하다는 것을 그리스도께서 인성으로는 알지 못하셨다고 하는 말에도 어쩌면 일리가 있다. 그것을 모르셨다는 점을 생각하면 그리스도의 거룩함이 지닌 아름다움을 완전히 새로운 관점으로 보게 된다. 그리스도께서는 죄를 짓기보다는 완전한 순종의 삶을 사셨으며, 이 순종의 삶은 그분께서 세례 받을 때 시작된 게 아니라 잉태되던 순간부터 시작되었다. 이 순종은 우리가 죄인인 상태에서는 절대 다 이해하지 못할 정도의 순종이었지만(그리스도의 모든 행위뿐만 아니라 모든 생각까지도 고유의 목적을 향하고 있었다는 것을 기억하라), 그럼에도 우리는 그 순종에 감사하며 그 순종에 경이로워할 수 있다.

"어머니의 젖을 먹을 때에 내가 주를 의지하게 하셨나이다"

하나님의 구원 계획은 영원 시간에 뿌리를 두고 있다. 17세기 이래로 여러 개혁파 신학자들은 구원에 대해 영원한 구속 언약의 관점에서 이야기했는데, 이 언약에서 성삼위의 각 위는 인간을 죄에서 구하기로 의견의 일치를 보셨다. 성부께서는 인간을 구속(救贖)하려는 목표를 세우셨고, 성자께서는 구속을 획득하셨고, 성령께서는 그리스도의 중보 사역의 유익을 적용하셨다. 에베소서 1장에서 구원의 이 삼위일체적 성격을 확인하는 이도 있다. 하지만 성자께서 영원 전부터 이 위대한 사역에 거리낌 없이 동의하셨다면, 이 언약의 협약에 동의한 것은 그리스도의 인성이 아니었다. 그러므로 그리스도의 성육신 순간에 이 동의의 갱신(更新)이 이뤄졌으며, 이는 그 후 그리스도의 평생에 걸쳐, 심지어 죽는 순간에 이르기까지 재확인되었다. 그리스도께서 인간으로서 지니는 뜻은 구속 계획에 동의했다. 히브리서 10:5-7은 이 점에서 교훈적이다.

> "그러므로 주께서 세상에 임하실 때에 이르시되 하나님이 제사와 예물을 원하지 아니하시고 오직 나를 위하여 한 몸을 예비하셨도다 번제와 속죄제는 기뻐하지 아니하시나니 이에 내가 말하기를 하나님이여 보시옵소서 두루마리 책에 나를 가리켜 기록된 것과 같이 하나님의 뜻을 행하러 왔나이다 하셨느니라"

이 말씀은 그리스도께서 하나님의 뜻을 행하러 오셨다고 우리에게 가르친다. 하지만 그리스도께서 이 말씀을 언제 하셨는가? 이는 까다로운 질문이고, 어쩌면 우리가 명확히 알 수 있는 범위를 벗어난다. 하지만 그리스도의 인성에는 성장 발달의 여지가 있었으므로 그리스도께서 갓난아기 때 이 말씀을 하지는 않으셨다고 해도 괜찮을 것이다. 여느 아이들처럼 그분도 말하는 법을 배우셔야 했을 테니 말이다. 우리가 아는 것은, 예수가 "지혜와 키가 자라가며 하나님과 사람에게 더욱 사랑스러워 가시더라"(눅 2:52)라는 것이다. 지혜와 지식이 자란다는 것은 그리스도 자신의 체험에서 발생한 일이지 일부 사람들의 생각처럼 다른 이들에게 그렇게 보이기만 한 것은 아니었다. 그보다, 이사야서에 기록된 세 번째 종의 노래에 따르면, 아버지께서는 그리스도에게 "학자들의 혀를" 주셨다. 실제로 아버지께서는 "아침마다" 그리스도를 깨워 가르침을 받게 하셨다. 같은 구절에서 우리는 그리스도가 "거역하지도 아니하며 뒤로 물러가지도 아니"했으며, "때리는 자들에게 [자기] 등을 맡기며", "수염을 뽑는 자들에게 [자기] 뺨을 맡기"셨다는 말씀을 본다(사 50:4-6).

세상에 들어오셨을 때 그리스도께서는 어머니의 품에서도 성부를 의지하셨다(시 22:9). 예수의 입에서는 하나님께서 정해 주신 찬양이 흘러나왔을 것이 틀림없다(시 8:2). 토머스 굿윈의 말로 표현하자면, "어떤 분별력 있는 행위를 처음 하기 시작했을 때 … 그때 그분의 뜻의 목표와 의도는 중보자인 자기 자신에게서부터 아버지이신 하나님을 향해 가도록 방향을 안내받았다."[14] 갓난아기 때와 어린아이 때도 예수께서는 자기 행동과 생각과 소원이 하나님과 하나님의 영광을 지향하도록 했다. 굿윈은 이렇게 덧붙인다. "그리스도께서는 어린아이였을 때도 행위와 생각과 소원이 하나님과 하나님의 영광을 지향하게 하려는 마음이 있었다. 그리고 그런 거룩한 원리는 그리스도를 하나님의 뜻, 곧 '그리스도에 관한' 그리고 '그리스도께서 수행해야 할' 하나님의 뜻으로 나아가도록 그리스도를 인도했다. 하나님의 그 뜻은 그리스도의 모든 행동과 생각을 좌우하고 방향을 인도해야 했고, 그 모든 행동과 생각은 우리의 '구원과 칭의'에 관한 일이었으며, 이성의 능력이 점점 자라감에 따라 그분의 행동과 생각은 그 능력에까지 작용했다."[15]

세 번째 종의 노래를 비롯해 다른 연관 구절을 바탕으로 우리는 예수께서 성경을 읽음으로써 자신이 메시아 소명을 받았음을 점차 인식하게 되었다는 결론에 이르게 된다. 예수께서는 우리와 마찬가지로 성경을 배우셔야 했다. 물론 예수는 역사상 가장 훌륭한 신학자다. 그리스도인들은 성경 구절을 잘못 해석하거나 자신의 죄 된 성향에 근거해 본문을 읽는 바람에 생겨나는 난제들 때문에 어려움을 겪지만, 예수께서는 성경을 읽어도 그런 문제를 겪지 않으셨을 것이다. 그렇지만 그리스도가 아기 때에도 모든 문제에 대해 답을 다 갖고 있었다고 생각해서는 안 된다. 또한 그리스도께서는 서른 살이 되어 사역을 시작하게 되기를 무작정

기다리고만 계셨던 게 아니라 아버지의 뜻에 순종하여 날마다 힘들지만 즐겁게 일하셨다. 크리스토퍼 라이트(Christopher Wright)가 지적하는 것처럼, 구약성경 덕분에 예수는 자기 자신을 알 수 있었다. 예수의 자기 정체에 대한 해답은 성경에서 나왔다. "히브리어 성경에서 예수는 비유적 표현과 역사상 인물과 예언에 대한 묘사, 예배의 상징이 서로 어울려 화려한 무늬의 직물을 짜 내는 것을 보았다. 이 화려한 직물에서 어떤 이들은 다양한 상징과 소망이 파편화되어 모인 것만을 보았지만, 예수께서는 여기서 자신의 얼굴을 보았다. 예수께서 읽은 히브리어 성경은 예수의 정체가 어떤 모양인지를 보여 주었다."[16] 물론 하나님께서 말씀하신 이스라엘 왕의 자격 요건은 그리스도에게 요구된 자격 요건과 다르지 않아서, 그리스도께서는 다른 어떤 왕도 하지 못한 방식으로 신명기 17:18-20을 성취하실 터였다.

이 사실은 우리의 큰 구원을 성취한다는 게 그리스도에게 결코 쉬운 일이 아니었음을 알게 해 준다. 자신이 무슨 일을 해야 하는지 그리스도께서도 공부하셔야 했으니 말이다. 삶의 어느 단계에서든 자신이 알아야 할 것을 절대 모르지는 않으셨지만, 그럼에도 그리스도에게는 배움이 요구되었다. 그리스도께서도 성경을 읽고 날마다 아버지에게 가르침을 받음으로써 자신의 소명에 대해 배우셔야 했다면 하물며 우리는 얼마나 더하겠는가? 하나님을 의지하며 부지런히 성경 읽기에 매진하여 어떻게 해야 하나님을 기쁘시게 할지를 배워야 하지 않겠는가?

요한복음 17:5에서 예수께서는 이렇게 기도하신다. "아버지여 창세전에 내가 아버지와 함께 가졌던 영화로써 지금도 아버지와 함께 나를 영화롭게 하옵소서." 예수께서는 창세전에 아버지와 함께 가졌던 영광에 대해 어떻게 알게 되셨을까?

믿음으로 산다고?

그리스도인은 우리를 사랑하시고 우리를 위해 죽으신 하나님의 아들을 믿는 믿음으로 사는 사람들이다(갈 2:20). 믿음의 삶은 그리스도인이 출발 때부터 죽는 날까지 계속 가는 길이며, 그때가 되면 믿음은 보는 것(sight)으로 바뀐다. 그러면 그리스도의 경우는 어떠한가? 그리스도는 믿음으로 사셨는가? 짧게 대답하자면, '그렇다'이다. 그리스도는 참믿음의 최고 모범이라는 점에서 우리 믿음의 원형이자 우리 믿음을 온전케 하시는 분이다(히 12:2). 그리스도는 지금까지 존재했던 신자 중 가장 위대한 신자다. 실제로 그리스도에게는 칭의를 위한 믿음이 있었다. 즉, 신실한 중보자 역할을 하기 위해 받은 많은 약속 중 하나를 근거로 그리스도께서는 하나님께서 변호해 주실 만한 믿음을 소유했다. 그리스도는 의를 얻기 위해 다른 누군가를 고대하지 않았고, 칭의를 위해 성부를 바라보았다. 세 번째 종의 노래가 분명히 하고 있다시피, 여호와께서 그리스도를 도우셨기에 그리스도께서는 얼굴을 부싯돌처럼 굳게 했고 하나님께서 자신이 수치를 당하지 않게 하실 것이며 오히려 자신을 변호해 주실 것을 믿었다(사 50:7-8; 참조, 딤전 3:16; 요 16:8-11).

그리스도께서는 자기 자신을 위해서뿐만 아니라 자기 백성을 위해서도 신실함을 발휘하셨다. 히브리서는 그리스도가 참인간이시라는 게 무슨 뜻인지 그 의미를 구성하는 이 필수 요소에 대해 그 어떤 의심의 여지도 남겨 놓지 않는다. 그리스도의 믿음에 대한 선언은 흔히 성부께서 그리스도에게 하신 약속과 병행한다. 마찬가지로, 신자들도 신실한 자에게 약속된 구원의 모든 복을 위해 하나님을 믿고 의지하라는 명령을 받는다. 그리스도의 인성에 대한 증거는 성경 어디에서나 찾아볼 수 있지만 히브리서 2장은 그중에서도 가장 명쾌한 증거로 손꼽힌다. 히브리서 2:13에서는 이사야 8:17이 예수에게 적용된다. 이 구절에서 예수는 하나님을 의지하는 분이다. 자기 백성의 구원의 선봉으로서 예수께서는 참되고 신실한 신자가 되셨고, 예수의 형제들도 예수와 똑같이 하나님을 신뢰하고 의지한다. 신자들이 예수에게서 그 어떤 구원의 복을 받든, 이 복은 영원한 구원의 근원이신(히 5:9) 그리스도 자신에게 먼저 해당되는 복임에 틀림없다. 믿음이든(히

2:13), 예정이든(벧전 1:20), 칭의든(딤전 3:16), 성화든(요 17:19), 혹은 영화든(요 17:5), 이 은사들은 궁극적으로 그리스도에게 주어진 것이며, 그다음에 그리스도께서 이 동일한 은사들을 자기 신부에게 수여하신다. 그래서 구원의 질서 혹은 계획은 인간학적이지 않고 기독론적이다. 이는 그리스도를 중심으로 하지, 우리의 구원 체험에 중심을 두지 않는다. 우리가 무엇을 받든 그것은 다 우리의 머리이신 분(즉, 그리스도)에게서 온다. 신자가 하나님의 선물로서 믿음을 받는 것은, 그리스도께서 구속 언약의 조건에 따라 아버지의 뜻에 순복하시고 아버지께서 자신을 지탱시켜 주시고 상급을 주실 것을 믿고 의지하며 완벽한 믿음의 삶을 사셨기 때문이다.

 그리스도께서 받으신 가장 큰 은혜는 그분의 믿음이었다. 요동하지 않는 그분의 믿음은 우리의 가장 큰 죄, 불신앙을 제거했다. 예수에게는 자신의 칭의와 성화를 위한 믿음이 있었고 그래서 우리도 우리의 칭의와 성화를 위한 믿음을 가질 수 있다고 하는 게 신학적으로 옳은 말이다.

물론 히브리서 2장만 그리스도의 믿음에 대해 말하지는 않는다. 히브리서 5:7-8은 그리스도가 참인간이시라는 게 무슨 의미인지 생생하게 보여 주는 또 하나의 그림이다. "그는 육체에 계실 때에 자기를 죽음에서 능히 구원하실 이에게 심한 통곡과 눈물로 간구와 소원을 올렸고 그의 경건하심으로 말미암아 들으심을 얻었느니라 그가 아들이시면서도 받으신 고난으로 순종함을 배워서." 이 구절을 읽으면 그리스도의 기도가 그저 보여 주기일 뿐이었다고 하는 개념을 배격하지 않을 수가 없다. 신적(神的) 사랑과 보는 것으로 사는 삶(life of sight)을 향유하는 것은 그리스도께서 부활하여 하늘에 오르사 아버지 오른편에 앉게 되시고 나서야 비로소 가능했다. 그렇게 되기 전 그리스도께서 당하신 고통과 괴로움은 (그리스도를 대적하는 세력에게서 오는) 외적인 고통과 괴로움이었을 뿐만 아니라, "심한 통곡과 눈물로" 아버지께 기도하지 않으면 안 될 만큼 내적인 것이기도 했다.

믿음이라는 선물이 그리스도께서 이 땅에서 일하시는 동안 그리스도 자신의 믿음에 뿌리를 두고 있는 것과 마찬가지로, 신자들이 기도하는 것은 그리스도께서 기도의 사람이었기 때문이라고 말할 수 있다. 세상에 그리스도처럼 기도한 사람은 없었다. 그리스도의 정서, 생각, 요청, 간절함, 그리고 경건함, 이 모든 것이 그리스도의 기도 생활을 구성하는 요소였으며, 그리스도께서 기도하실 때면 온 하늘도 잠잠했을 것이 틀림없다. 아버지께서 사랑하는 아들의 부르짖음을 듣기를 기뻐하셨으니 말이다. 그런데 그리스도를 루터교와 로마 가톨릭 신학자들이 생각하는 식으로 생각하면, 히브리서 2:13과 5:7-8 같은 구절은 도무지 납득할 수 없을 것으로 보인다. 그리스도의 믿음의 삶과 기도(믿음의 행위)에 관해서는 훨씬 더 많은 말을 할 수 있고 더 많은 말을 해야 하는 게 사실이지만, 개혁파 기독론의 한 가지 중요한 측면이 지금도 여전히 그리스도의 위격에 대해 어느 정도 완전한 그림을 우리에게 보여 주고 있다. 그리스도께서는 무슨 권능으로 기적을 행하시고, 시험에 저항하시고, 아버지에게 기도하시고, 믿음으로 사시고, 십자가에서 자신을 제물로 바치셨는가? 이에 대한 답변은 좀 놀라울 수도 있다. 하지만 성경의 대답은 확실하다.

그리스도와 성령

그리스도의 신성이 인성을 통해 작용했으며, 그래서 그리스도께서 기적을 행할 수 있었던 거라고 주장한다고 해 보자. 그러면 그리스도의 삶에서 성령이 활동할 여지가 있는가? 많은 그리스도인들이 어쩌면 알아차리지 못한 채 넘어가지만, 이는 중요한 문제다. 내가 생각하기에 키릴루스의 신학과 알렉산드리아 학파의 전통은 그리스도의 삶에서 성령의 역할에 아무런 의미 있는 역할을 부여할 수 없었을 것이다. 사실상 나는 로마 가톨릭이나 루터교는 그리스도의 두 가지 상태, 즉 낮아지신 상태와 높아지신 상태에서 성령이 그리스도와 어떻게 연관되는지에 대해 적절한 설명을 할 수 없다고 생각한다. 키릴루스는 주장하기를, 로고스가 인성에 작용하는 단 하나의 효과적인 동인(動因)이었다고 했다. 두 본성 간의 관계를 이렇게 비대칭 관계로 보면 그리스도에 대한 성령의 역사가 불필요해진다. 더 나아가, 속성이 단일 방향으로(신에게서 인간에게로) 전달된다는 루터교의 주장이 옳다면, 성경이 왜 그리스도의 지상(그리고 천상) 사역과 성령의 관계에 그렇게 의미 있는 역할을 부여하는가? 바빙크가 지적한 것처럼, "루터교의 기독론은 여전히 은사에 대해 말하지만, 사실 이 기독론은 은사를 어떻게 설명해야 할지 모르고 있으며 그리스도께서 성령으로 기름 부음 받았다는 사실이 성립할 여지도 남겨 놓지 않는다."[17] 마찬가지로 청교도 신학자 아이작 암브로스(Isaac Ambrose)는 이렇게 묻는다. 루터교의 가르침처럼 속성이 전달되는 게 맞다면, "그리스도께서 한량없이 받은 은사는 무슨 목적에 쓰여야 하는가?"[18]

개혁파 신학자들은 두 본성이 원래 모습 그대로 온전하다고 아주 조심스럽게 주장해 왔다. 앞에서 말한 것처럼, 유한(인성)은 무한(신성)을 품을 수 없으며, 이는 그리스도의 경우처럼 유한과 무한이 이룰 수 있는 가장 친밀한 연합에서도 마찬가지다. 17세기에 존 오웬은 오늘날 사람들이 놀랄 만한 남다른 주장을 펼쳤다. 오웬은 "인성과 관련하여 성자의 위격이 직접 행한 유일한 일은 자신의 본체에 인성을 취한 것이었다."라고 단언했다.[19] 이는 성령이 "성자 자신의 모든 신적 행위의 직접적 작동자"였다는 의미다. "성자께서 인성을 입고 있을 때도 말이다. 하나님의 아들께서 인성으로, 인성에 의해, 혹은 인성을 바탕으로 어떤 일을 하셨든, 그분은 자기 영이신 성령으로써 그 일을 하셨다."[20] 오웬은 많은 신학자들이 격렬하게 저항해 온 비전통적인 견해에 찬동하는데, 아마도 이는 일부 사람들이 어떤 면에서 예수의 신성을 손상하는 말과 비슷한 표현을 썼기 때문일 것이다. 대다수 그리스도인이 생각하기에 예수께서 기적을 행한 것은 예수의 신성이 예수의 인성 안에서, 그리고 인성을 통해 작용했기 때문이다. 내가 보기에 이는 완전히 잘못된 생각이며, 그리스도의 지상 사역에 관한 성경의 명백한 증거를 설명해 주지 못한다.

싱클레어 퍼거슨(Sinclair Ferguson)은 이사야 선지자가 메시아를 "탁월한 영의 사람으로"(사 11:1; 42:1; 61:1) 보았다고 올바로 관찰한다.[21] 그리스도의 사역에서 주요한 사건들을 생각해 보는 사람이라면 그 사건에서 성령께서 두드러진 역할을 하신다는 점에 주목할 것이다. 게다가 '그리스도'라는 말은 예수 고유의 이름으로, '기름 부음 받았다'는 뜻이다. 성령의 그 기름 부음에 의해 그리스도께서는 중보자 직분을 이행하셨다. 이렇게 성령은 성육신이 일어날 수 있게 한 직접적 신적 효력이었다. 성령이 동정녀 마리아에게 임하사 아기 예수를 기적적으로 잉태하게 했다(눅 1:31, 35). 덧붙여 말하자면, 속성의 교류 교리 때문에 키릴루스처럼(그리고 자연히 네스토리우스 학파처럼) 마리아를 하나님의 어머니(테오토코스, *theotokos*)라고 불러도 아무 문제가 없다. 누군가가 마리아를 '하나님의 어머니'라 불렀다고 해서 하나님에게 어떤 기원(基源)이 있다는 뜻으로 그렇게 부른 것은 절대 아니었으며, 또한 이는 마리아를 드높이는 호칭도 아니다. 그보다 이는 인성을 좇아 마리아에게 잉태되어 태어난 그 [신적] 위격의 단일성을 옹호하려는 것이다. 마찬가지 이유로 우리는 야고보도 '주의 형제'라 부를 수 있다.

예수가 잉태된 것은 새 창조(new creation)이며, 이 새 창조는 우리 자신의 새로운 탄생과도 여러 가지 병행되는 면이 있다. 어떤 사람이 그리스도 안에 있으면 그 사람 또한 새로운 피조물(new creation)이다(고후 5:17). 성령께서 마리아라는 인간에 역사하셔서 성자께서 그 자신의 본체에 취하신 참된 인성을 창조하셨고, 그래서 성자는 이제 영원히 신인이라는 정체로 존재하신다. 예수의 인성이 죄에 전혀 오염되지 않은 상태로 마리아에게서 나올 수 있기 위해서는 성령의 이 사역이 반드시 필요했으며, 성자께서 요셉과 마리아가 생산해 낸 인성을 취하셨다면 죄에 오염되지 않은 상태는 불가능했을 것이다. 성령께서는 인간 예수의 인성을 형성하셨을 뿐만 아니라, 예수의 어린 시절에 그분 안에, 그리고 그분 위에 머물러 계셨으며, 앞에서 살펴본 것처럼 이 시기에 예수께서는 구약성경을 읽었을 것이며 하늘에 계신 아버지를 묵상하고 그분께 기도했을 것이다(눅 2:49).

예수의 삶에서 그다음으로 중요한 사건은 요단강에서 세례 요한에게 세례 받으신 일이다. 공생애를 시작할 때 예수께서는 아주 주목할 만한 방식으로 세례를 (그리고 안수를) 받으셨다. 죄인인 인간이 영광의 주님께 세례를 베풀었다는 사실 외에도 또 우리는 그리스도께서 물 밖으로 나오실 때 성령이 비둘기처럼 그리스도에게 임했다는 말씀을 보게 된다. 사람들의 귀에 들리는 음성으로 성부께서는 예수에게 말씀하셨다. "너는 내 사랑하는 아들이라 내가 너를 기뻐하노라"(막 1:11). 이는 예수께서 그날 순종하셨기 때문이 아니라 어머니의 품에서부터 순종하셨기 때문이기도 하며, 그런 이유로 성부께서는 예수를 기뻐하셨다. 이 시점에서 예수께서는 성령을 한량없이 받으셨고(요 3:34), 공개적으로 메시아로 임명되셨다. 성령께서는 예수가 잉태되던 순간부터 예수와 함께 계신 것이 분명했지만, 세례 받을 때는 성령을 전보다 훨씬 더 많이 받으셨다.

세례 받으신 예수는 성령에 의해 광야로 이끌려 사십일 동안 계시면서 시험을 받으셨다(막 1:12). 마귀와 맞서 싸운 이 거룩한 싸움에서 그리스도께서는 성령을 의지해, 성부께서 "아침마다" 깨워 가르침 받게 하실 때(사 50:4) 배우셨을 성경 구절을 인용하셨다. 예수를 "몰아내" 시험을 받게 하신 성령께서 그 시험이 진행되는 동안 예수를 붙들어 주셨다. 누가는 예수께서 시험을 다 받으신 후 "성령의 능력으로 갈릴리에 돌아가"(눅 4:14)셨다고 말한다. 누가는 또 예수께서 나사렛에서 배척당하신 일을 기록한다. 나사렛 사람들은 예수의 설교를 듣고 예수를 죽이려 했는데 그때 설교 본문이 이사야 61:1-2였다는 점이 의미심장하다. 이 구절을 들어 예수께서는 주의 성령이 자신에게 임했음을 확언하셨다(눅 4:18). 다시 말해, 그리스도의 설교는 언제나 성령의 능력으로 하는 설교였고 성령을 드러내 보이는 설교였다. 그리스도는 이 땅에 살았던 설교자들 중 가장 훌륭한 설교자였으며, 그리스도에게 임한 성령은 그 설교를 듣는 자들의 죄를 깨우치시고 회심시키셔서 그리스도를 미워하게 만들든가 그리스도를 따르게 만들든가 했다. 사람들을 분열시킨 것은 예수의 말씀만이 아니었다. 그 말씀에 따르는 성령의 능력은 사람들로 하여금 "그 사람이 말하는 것처럼 말한 사람은 이때까지 없었나이다"(요 7:46)라고 말하게 만들었다.

우리가 소유한 모든 복은 다 간접적 복이다. 이 모든 복이 먼저 그리스도 안에 있음은 그리스도가 탁월한 성령의 사람이었기 때문이다. 성령께서 능력 주심으로써 그리스도는 구주로서 자신의 일을 이행했고, 그리하여 의롭다 여김을 받고, 양자 되고, 성화되사, 이어서 우리 또한 그 복을 받을 수 있게 하셨다.

예수께서는 설교만 하신 게 아니라(설교가 예수께서 오신 이유이긴 했지만[막 1:38]) 여러 가지 강력한 기적도 행하셨으며, 이는 예수의 권위가 하나님에게서 받은 권위라는 가시적 증거였다(마 9:1-8을 보라). 그리스도께서 행하신 기적은 성령이 하신 일로도 돌려진다. "그러나 내가 하나님의 성령을 힘입어 귀신을 쫓아내는 것이면 하나님의 나라가 이미 너희에게 임하였느니라"(마 12:28; 참조, 행 10:38). 그리스도께서 기적을 행하심은 성령께서 그리스도에게 능력을 주셨기 때문이다. 그러나 이따금 성령께서 능력을 주시지 않은 탓에 그리스도께서 능한 일을 행하지 못하실 때도 있었다(막 6:5). 하나님의 권능은 인간의 죄보다 크지만, 그럼에도 마가복음 6:5에서 우리는 예수가 인성으로는 성령께 전적으로 의지해서 기적을 행하셨다는 사실에 대한 두드러진 증거를 보게 된다.

그리스도의 죽음은 낮아지신 상태에서 있었던 마지막 주요 사건이다. 이 사건에서 보면, 어떤 의미에서는 죽임을 당하신(행

2:36) 그리스도께서 성령의 능력으로 자기 목숨을 스스로 내놓으셨다(요 10:18). 이 점은 히브리서 9:14의 표현을 보면 확실해진다. "하물며 영원하신 성령으로 말미암아 흠 없는 자기를 하나님께 드린 그리스도." 싱클레어 퍼거슨이 말한 것처럼 "예수께서 영(*pneuma*)으로 자기를 드렸다고 할 때 이 영은 성령을 가리키는 것으로 이해해야 한다고 강력하게 주장할 수 있다."[22] 예수께서 인간으로서의 자기 영혼을 성부에게 부탁한 것은(눅 23:46) 성령께서 예수에게 능력을 주사 자기 목숨을 내려놓을 수 있게 하셨기 때문이다. 죽음과 마찬가지로, "성결의 영으로는 … 하나님의 아들로"(롬 1:4) 선포될 때 그리스도의 부활 역시 성령께서 하신 일로 돌려진다. 성경의 증거에 따르면, 그리스도께서 지상 사역을 하시는 동안 성령은 그리스도와 떼려야 뗄 수 없는 동행이셨다. 그러므로 우리는 예수께 대한 성령의 사역에 대해 말하는 수많은 성경 구절들을 납득하게 해 주는 기독론을 지녀야 한다.

이 점의 중요성은 아무리 말해도 지나치지 않다. 우리를 대신한 그리스도의 순종은 진짜 순종일 필요가 있었다. 그리스도께서는 자기 신성에 의지해 두 번째 아담으로 행동하는 '속임수'를 쓰지 않으셨다. 그보다 그리스도는 성령에게서 능력을 받고 성령께 의지함으로써 성부에게 완전히 의존하셨다(요 6:38). "오우크 하르파그몬 헤게사토"(*ouch harpagmon hegesato*, 빌 2:6)를 "그는 …

하나님과 동등됨을 자신이 취할 것으로" 혹은 "이용할 것으로 여기지 않았다"라고 번역하면 그리스도와 성령의 이 관계 이해 모형에 완벽하게 들어맞는다. 그리스도의 삶을 그렇게 이해하면, 그리스도께서 두 번째 아담으로서 행하신 일에 대한 우리의 인식이 오히려 더 증진된다. 헤르만 바빙크는 성령과 그리스도의 친밀한 관계에 관해 설명하는 신학적 기본 관심사를 이렇게 요약한다. "하나님의 형상을 지닌 참인간이 단 한 순간이라도 성령의 내주(內住) 없이 산다는 것은 생각할 수 없는 일이다. … 인간이 대체적으로 성령에 의하지 않고는 하나님과 교통할 수 없다면, 그리스도의 인성에는 이 사실이 훨씬 더 강력하게 적용된다."[23]

그리스도의 신성과 인성의 관계로 다시 돌아가, 우리는 그리스도의 신성이 그리스도의 인성에 직접적으로 작용하지 않고 성령을 수단으로 해서 간접적으로 작용했다고 말할 수 있다. 성령께서는 그리스도에게, 그리고 그리스도 안에 직접 거하셨다. 그리스도는 모든 점에서 아버지에게 순종하셨지만, 그리스도에게 능력을 주셔서 그렇게 순종하게 한 분은 성령이었다. 이 땅에서 사역하실 때 이렇게 그리스도께서는 성부에게 순복하셨고, 따라서 성령에게도 순복하셨다. 그리고 높아지신 상태에서 그리스도는 영의 주(Lord of the Spirit)가 되셨다(고후 3:17). 영은 심지어 그리스도의 이름을 취하기까지 한다(롬 8:9; 벧전 1:11). 이 점에 대해서는 그리스도의 삼중직 즉, 그리스도께서 자기 피로 값 주고 사신 교회의 선지자·제사장·왕으로서 일하신다는 사실을 생각해 볼 때 좀 더 상세히 살펴보도록 하자.

 "그리스도를 닮기 위해 애쓰려면 그리스도를 알아야 한다. 그리스도를 닮는 일은 그리스도 안에 충만하게 거하는 은혜에 참예하는 것으로 이뤄진다. 우리가 늘 일정하게 이 일을 밀어붙이지는 못하지만, 그리스도의 인성에 대한 성령의 역사를 익히 알기에 이 일은 우리가 지극히 부지런히 힘쓸 만한 가치가 있다."(존 오웬)[24]

3.
그리스도의 사역

 기독론은 반드시 그리스도의 위격과 사역을 다룬다. 개혁파가 이해하는 그리스도의 위격은 그리스도의 사역, 특히 중보자 그리스도는 낮아지신 상태(지상 사역)에서 높아지신 상태(부활 후 그리스도의 삶)로 옮겨 갔다고 하는 개념에 중요한 파급 효과를 지닌다. 이 변화는 그리스도께서 직접 체험하신 일이었다. 낮아지신 상태에서 높아지신 상태로의 변화는 성부께서 지시하신 일을 성공적으로 수행한 것이었다. 죽기까지, 심지어 십자가에서 죽기까지 순종하신(빌 2:8) 주의 종으로서, 그리스도는 부활 때 한 가지 변화를 겪으셨다. 그리스도는 이제 다시 살아나, 높아지신 주님이요 영원 전에 맺어진 약속을 받은 세상의 구주시다. 그리스도는 천국에서도 인성을 여전히 보유하실 뿐만 아니라(두 본성이 한 위격에서 이룬 연합은 절대 깨질 수 없는 불변의 연합이다), 종말 때까지 선지자·제사장·왕이라는 세 가지 직분 또한 유지하신다. 그래서 그리스도의 사역은 이 땅에서 낮아지신 상태에 있을 때나 하늘에서 높아지신 상태로 있을 때나 늘 선지자·제사장·왕의 사역이다.

선지자로서의 그리스도

선지자로서 그리스도는 진리를 예언하시고 진리를 외부로 말씀하실 뿐만 아니라 진리 자체이시기도 하다(요 14:6). 이는 그리스도를 탁월한 하나님의 선지자로 표시해 주는 특징이다. 어떤 사람도 그리스도처럼 말하지 않았다(요 7:46). 그리스도는 권위를 가지고 말했기 때문이다(눅 4:32). 하나님의 교회의 선지자로서 그리스도께서는 "우리를 구원하시려는 하나님의 뜻을 자신의 말씀과 영으로써"(『웨스트민스터 소요리 문답』 24문답) 자기 백성들에게 계시하신다. 그리스도의 선지자 직분에 관해 우리가 가장 먼저 알아야 할 근본적인 내용은, 그리스도께서는 신학을 가능하게 만든다는 것이다. 그리스도는 모든 지식의 근원이시다. 그리스도 안에 모든 진리의 보고(寶庫)가 있다. 그리스도는 모든 신적 계시의 중심이시다. 그리스도께서 신학이 가능하게 하심은 그가 단순히 인간이기만 한 게 아니라 신이기도 하시기 때문이다. 그리스도 안에 "지혜와 지식의 모든 보화가 감추어져"(골 2:3) 있으므로 우리는 그리스도께서 지닌 신학과 우리가 지닌 신학을 구별해야 한다. 하나님의 마음에 대한 그리스도의 지식과 이해는 이 세상에 살았던, 혹은 앞으로 살게 될 다른 어떤 사람의 지식과 이해와도 비교할 수 없을 만큼 탁월하다. 우리는 하나님의 마음을 파악하지 못하며, 마찬가지로 그리스도의 신학도 완전히 이해하지 못한다. 달리 말해, 그리스도께서 하나님을 아는 지식은 모든 신자들, 심지어 영광 중에 있는 신자들의 모든 지식을 다 합친 것보다 뛰어나다. 그리스도는 신인(神人)이시기에 하나님에게서 인간에게로 계시가 전달될 수 있게 하신다. 선지자로서 그리스도는 낮아지신 상태에서나 높아지신 상태에서나, 심지어 영원에 이르기까지 하나님과 인간 사이에서 계시를 전달하신다.

 그리스도에게는 칭의를 위한 믿음, 성화를 위한 거룩함, 양자 됨을 위한 이름, 영화를 위한 몸이 있었으며, 이 모든 것은 선지자와 제사장과 왕이라는 그리스도의 직분의 맥락 가운데 있었다.

선지자로서 그리스도의 큰 목표는 하나님의 계시를 정확히 선포하는 것이다(마 13:35; 요 1:18). 성경의 내용은 그리스도께 의존해 있다. 전형적으로 개혁파 신학자들은 이 땅에서의 순례자 신학을 '우리 신학'(our theology)이라고 일컬어 왔으며 이는 그리스도에게서 받은 신학이다. 이 계시된 신학은 유한한(finite, ectypal)

신학으로, 무한한(infinite, archetypal) 신학, 곧 하나님이 자기 자신에 대해 갖고 계신 무한한 지식과 대조된다. 이 구별은 양적(量的) 구별일 뿐만 아니라 질적(質的) 구별이기도 하다. 하나님의 지식은 내용과 질 모두 인간의 지식보다 무한히 우월하다.

구약성경에서 성자께서는 신성으로써 자신의 뜻을 계시하시는데, 이때는 성자가 아직 성육신 전이기 때문이다. 하지만 복음 시대, 곧 인간의 몸을 입으신 후에는 하나님께서 보내신 선지자로서 가르치신다. 우리는 그리스도께서 하나님의 뜻을 계시할 수 있는 능력은, 두 본성을 지닌 한 위격이 그리스도로 하여금 하나님의 뜻을 교회에 계시할 수 있게 하는 영원한 로고스로서 지니는 독특한 특권에서 비롯된다 생각하고 싶을지 모른다. 이는 전적으로 옳지는 않다. 그리스도는 신성으로는 전지(全知)하시다. 하지만 신성이 그리스도께서 교회에 진리를 계시하시는 직접적 수단임이 맞는다면, 이 땅에 사시는 동안 (앞에서 언급한 것처럼) 왜 그리스도께서 특정 사실에 대해서는 잘 알지 못하셨는가? 그리스도께서는 신성을 따라서가 아니라 인성을 따라서 하나님의 뜻을 계시하셨다. 직분은 사람이 행하지만, 즉 직분은 신성이나 인성이라는 관념적 본질이 아니라 그리스도라는 인격체가 행하지만, 그럼에도 그리스도의 인성은 선지자와 제사장과 왕이라는 이 세 직분 모두와 관계있다.

선지자 직분을 이행하기 위해 그리스도께서는 선지자의 본분을 다하는 데 꼭 필요한 은사와 은혜를 받으셨다. 그리고 그리스도는 인간이라면 누구에게나 있는 천부적이고 내재적인 능력을 지니셨다. 또한 그리스도는 죄에서 자유로우셨다. 말하자면 그리스도의 지성(mind)은 전력을 다하고 있었다. 그뿐만 아니라, 앞에서 살펴본 것처럼 그리스도에게는 성령이 독특하게 주어졌다. 게다가 우리는 그리스도의 지성이 어떤 종류의 지성인지 도무지 짐작조차 할 수 없지만, 그래도 그리스도께서 우리의 구원을 위한 하나님의 뜻을 우리에게 말씀해 주셨다는 점에 감사할 수 있다. 그리스도는 성경을 읽고 거기서 배우셨던 것이 확실하지만, 성령을 수단으로 해서 중보자로서의 자기 직분에 관해 하나님에게서 직접 가르침을 받는 특권 또한 누리셨다.

성경에서 아직 주어지지 않은 새로운 진리를 그리스도께서 교회에 계시할 수 있으려면 먼저 하나님께서 그 진리를 그리스도에게 계시하셔야 했다. 물론 하나님께서 특정한 진리, 예를 들어 재림의 때 같은 것은 계시하지 않으셨다면 따라서 그리스도도 그 진리에 대해서는 알지 못하셨다. 비록 잠시 동안일지라도 말이다(마 24:36; 계 1장을 보라). 부활 후 그리스도께서는 영광으로 들어가셨는데, 이 일은 하늘로 올라가 아버지 우편에 앉으시는 과정을 거쳐 일어났다. 보좌에 앉으실 때 그리스도는 인성으로 받을 수 있는 최대한도로 성령을 받으셨다. 이 광경을 생각하면 시편 45:6-7을 떠올리지 않을 수 없으니, 이 구절은 그리스도께서 보좌에 앉으시는 광경을 생생히 묘사하고 있다.

"하나님이여 주의 보좌는 영원하며 주의 나라의 규는 공평한 규이니이다 왕은 정의를 사랑하고 악을 미워하시니 그러므로 하나님 곧 왕의 하나님이 즐거움의 기름을 왕에게 부어 왕의 동료보다 뛰어나게 하셨나이다"

이 구절은 그리스도의 왕 직분과 관련된 말씀임이 분명하지만, 좀 더 면밀히 들여다보면 어떤 의미에서 그리스도께서 왕 중의 왕으로 보좌에 앉으신 것은 선지자와 제사장 직분에 중요한 파급 효과를 끼친다는 것을 알 수 있다. 선지자 직분 면에서 볼 때, 성령을 그렇게 풍성하게 받으셨기에 이제 그리스도는 인성으로 하나님의 작정과 목적에 대해 포괄적(무한하지는 않지만) 지식을 갖고 계신다. 달리 표현해, 그리스도는 자신이 무엇을 알아야 하는지를 늘 알고 계신다. 영화된 인성을 입고 계신 그리스도의 지식은 하나님의 작정만큼 포괄적이다. 그리스도는 천국에서도 인성을 유지하시기 때문에 영원 시간에서도 그리스도의 지식은 사실상 계속 자랄 것이다.

중보자로서의 그리스도의 직분은 만물의 종말 때 끝날 것이다 (고전 15장). 그럼에도 어떤 의미에서 그리스도는 천국에서도 교회의 선지자로 계속 일하신다. 그리스도의 선지자 직분에 대해 우리가 말한 내용이 맞는다면, 즉 그리스도가 하나님께서 인간에게 전하신 모든 진리의 근원이라면, 천국에서는 어떤가? 존 오웬의 입장은, 그리스도가 영화롭게 된 인성을 입고서도 여전히 성도가 삼위 하나님을 알고 사랑할 수 있도록 중보자 역할을 하리라는 것이다. 토머스 맨튼의 말처럼, 그리스도는 '살아 있는 성경'(living Bible)이며, 천국의 성도에게는 다른 책이 필요 없을 것이다. "예수 그리스도의 얼굴에서 하나님의 영광을 많이" 읽을 것이니 말이다.[25] 마찬가지로 오웬도 하나님께서 구속받은 백성들과 교통하고 계시하실 때에는 예수를 통해 하신다고 주장한다. 예수는 "교회가 영광으로 들어간 후에도 영원히 하나님과 교회 사이의 교통 수단이실 것이다. 만물이, 심지어 하늘에 있는 것과 땅에 있는 것이 그분 안에서 한 머리로 모이니 … 이 질서는 절대 해체되지 않을 것이다. … 우리가 복됨과 영광의 상태를 지속할 수 있느냐는 이 복됨과 영광이 이렇게 하나님에게서 나와 그리스도를 통해 전달되느냐에 전적으로 달려 있다."[26]

하나님의 계시는 정경(正經)의 완성과 함께 영원히 종료된 게 아니다. 그렇다고 해서 하나님께서 우리의 구원을 위한 자신의 뜻을 오늘날에도 사도와 선지자 시대와 똑같이 계시하신다는 말은 아니다. 에베소서 2:20과 히브리서 1:1-2 해설은 그런 개념에 불리하게 작용한다. 이 세상에서 삼위 하나님의 계시는 종말 때까지 중지되었다. 그렇다고 해서 하나님이 더는 우리에게 계시하실 것이 없다는 말은 아니다. 천국에서 하나님은 자기 성도들에게 계속 말씀하실 것이며, 예수 그리스도를 통해 그렇게 하실 것이다.

제사장으로서의 그리스도

그리스도의 제사장 직분은 세 직분 중 역사적으로 가장 많이 논의되어 왔다. 자유주의 신학은 제사장 직분과 왕 직분은 도외시하고 선지자 직분을 강조했다. 하지만 역사적 개혁주의 신학은 세 직분이 다 없어서는 안 되었다는 점을 늘 인식하는 한편, 제사장 직분을 독특하게 강조해 왔다. 속죄(그리스도의 죽음)의 본질에 대한 논쟁은 그리스도의 제사장 직분에 대한 논쟁이다. 하지만 그리스도는 단지 속죄 때문에 제사장이신 것이 아니다. 『웨스트민스터 소요리 문답』이 분명히 하고 있는 것처럼, 그리스도의 제사장직은 그분이 "단번에 자기 자신을 제물로 바쳐 하나님의 공의를 충족시키고 … 우리를 위해 계속 중보기도(intercession)를 하신 것"으로 구성된다(25문답). 그리스도께서는 봉헌(희생적 죽음)과 대언(intercession)으로 제사장직을 이행하신다. 그리스도의 대언은 구주로서 그리스도께서 하신 일의 큰 부분을 차지하지만, 내 경험으로 볼 때 그리스도인들은 그리스도의 대언보다는 그분의 죽음에 더 관심이 많아 보인다. 사실상 그리스도의 죽음과 대언은 하나로 합쳐진다. 봉헌이 대언보다 앞서 일어나며, 대언은 봉헌을 전제로 한다. 구원의 적용은 그리스도의 대언에 달려 있다. 다시 말해, 그리스도께서 하늘에 오르셔서 성도를 위해 대언하시지 않는다면 우리의 구원은 미완(未完)이며, 따라서 우리는 전혀 구원받은 게 아니다. 더욱이, 하늘에서 그리스도께서 봉헌의 효력 혹은 완결성을 계속 제시하여 우리를 변호하시는 한 그리스도의 대언은 하늘에서도 계속되는 봉헌이다. 그리스도는 계속해서 아버지 앞에서 우리를 위해 대언하시며(히 7:25), 성부께서는 성자가 우리를 대신해 간구하시는 말을 기쁘게 들으신다. 그리스도는 아버지의 팔을 비틀어 요구를 관철시키지 않는다. 하나님께서 구원을 계획하신 방식은, 성부께서 당신의 아들을 통해, 그리고 아들을 위해 교회에 복을 부어 주시기 위해 그리스도가 중보자 역할을 하시도록 하는 것이었다.

   그리스도의 제사장 직분을 논할 때 우리는 그분의 위격을 올바로 이해하는 게 얼마나 중요한가 하는 문제에 다시 직면한다. 제사장이기 위해 그리스도는 인간이셔야 했다. 그리스도가 인간이라는 것은 그분이 십자가에서 자신을 제물(우리를 대신한 참된 인간 대속물)로 바칠 수 있었을 뿐만 아니라, 연약함 중에 있는 자기 백성을 동정할 수 있다는 뜻이다(히 4:15). 반면에 그리스도가 신이라는 것은 십자가에서 공로 있는 죽음을 죽으시되 단지 죄인 한 사람을 대신해서 죽으셔서 그 사람만 구원하는 게 아니라 많은 죄인들을 구원하리라는 뜻이었다(롬 5장을 보라). 그리스도의 위격의 가치는 그리스도께서 하신 일에 무한한 가치를 부여했다. 다시 말해, 그리스도의 죽음이 헤아릴 수 없이 많은 사람들을 구원하기에 충분했음은, 앞에서 말했다시피 십자가에서 죽은 분이 하나님이었기 때문이다(행 20:28).

그리스도의 제사장 직분에 대해 생각할 때 흔히 우리는 그리스도께서 죽음과 대언 사역으로 이 직분을 이행한다고 생각한다. 하지만 그리스도의 제사장 직분에는 우리가 반드시 짚고 넘어가야 할 또 하나의 중요한 측면이 있는데, 그것은 바로 그리스도는 구유에서 무덤에 이르기까지 평생 순종의 삶을 사셨다는 것이다. 두 번째 아담으로서 그리스도는 구약 시대의 제사장들과는 달랐다. 구약 시대의 제사장들은 백성들을 위해 제사를 드렸을 뿐, 백성들을 위해 율법에 순종하지는 않았으며 순종할 수도 없었다. 구약 시대의 제사장들은 율법을 위반하는 행위만 중점적으로 다루었다. 하지만 하나님께서 요구하시는 의는 완벽한 순종의 삶을 사는 제사장만이 다룰 수 있다.

히브리서 기자는 연약함을 동정할 줄 아는 대제사장이시라는 점에 그리스도의 능력이 있음을 강조하는데, 그리스도께서 이런 능력을 가질 수 있었던 것은 피와 살을 가진 분으로서 친히 시험을 받으신 적이 있기 때문이다(히 2:17-18; 4:15). 그리스도께서는 심한 통곡과 눈물로 간구를 올렸으며(히 5:7), 그래서 그리스도께서 자기 삶을 바쳐 올리셨다 함은 십자가에 달려 죽으신 것뿐만 아니라 하나님의 율법에 자발적으로 순종하신 것까지도 포함한다. 그리스도께서는 저주받은 죽음을 죽으심으로써 하나님의 저주에 스스로 순복하셨지만(갈 3:13), 그리스도의 삶이 고난과 고뇌로 가득했었다는 의미에서 그분의 죽음뿐만 아니라 삶까지도 하나의 '봉헌'이었다. "그가 아들이시면서도 받으신 고난으로 순종함을 배워서"(히 5:8). 즉, 그리스도의 삶 전체가 고난의 삶이었으며, 그 사실 때문에 그리스도는 완벽한 희생제물일 수 있었다. 그리스도께서는 사람들에게 멸시받고 버림받는 상황 가운데서 순종을 배우셨다(사 53:3). 십자가 죽음은 그리스도의 순종이 절정을 이루는 행위였으며(빌 2:8), 이는 하늘에 계신 아버지께 단 한순간도 불순종한 적이 없는 분에게 딱 어울리는 '결말'이었다. 이렇게 제사장으로서 그리스도의 죽음이 하나님께 드려진 "향기로운 제물과 희생제물"(엡 5:2)이었음은, 그분의 거룩함이 지닌 아름다움과 그 성품의 지고한 엄위 때문이었다. 높아지신 제사장으로서 그리스도에게는 자기 백성을 동정할 수 있는 능력이 있었으며, 이 능력은 어떤 의미에서 우리의 이해를 초월하는데, 이는 그리스도께서 당하신 고난과 시험이 우리가 겪는 고난과 시험과는 비교할 수 없을 만큼 컸기 때문이다.

우리가 알아야 할 것은, 그리스도께서 제사장 직분에 임명받으셨다는 점이다. 하지만 그리스도는 아론 반차의 제사장이 아니었다. 그리스도는 멜기세덱 반차에 속해 있었으며(히 5:6, 10), 멜기세덱은 창세기 14:18-20과 시편 110:4에서 언급된 제사장 겸 왕이다. 멜기세덱 반차는 소멸해 가는 아론 반차에 비교해 볼 때 영원하고 변함이 없다. 히브리서 7:26에서 우리는 그리스도가 "거룩하고 악이 없고 더러움이 없고 죄인에게서 떠나 계시고 하늘보다 높이 되신" 제사장임을 알게 된다. 이렇게 그리스도는 자기를 바치되 자기 자신을 위해서가 아니라 자기 백성의 죄를 위해 바치셨다. 그리스도께서 행하신 일은 거의 다 '보통 사람'으로서 하신 일이었다. 보통 사람으로서의 그리스도는 아버지께서 자신에게 주신 모든 백성의 대표다(요 6:39). 이와 대조적으로, 대언을 하실 때 그리스도는 보통 사람으로서 하신 게 아니다. 그보다 그분은 우리를 위해 대언하신다. 구약 시대에 대제사장은 자기 자신을 위해서가 아니라 백성을 위해 지성소에 들어갔으며, 이는 대제사장이 왜 자기 어깨에 열두 지파 이름을 새겨 넣었는지(출 28:21) 그 이유를 설명해 준다. 그러므로 그리스도의 죽음은 대속의 죽음이었다. 그리스도는 열두 지파(즉, 택함받은 자기 백성들)의 이름을 어깨에, 그리고 특별히 마음에(아 8:6) 새기고 죽으셨다. 또한 그리스도의 죽음은 승리하는 죽음이었다. 죽으심으로써 그리스도는 마귀를, 곧 죽음의 권세 지닌 자를 멸하셨고, 그리하여 자기 백성을 죽음의 공포에서 건지셨다(히 2:14-15).

그리스도의 의는 그리스도의 위격의 위엄으로 인해 하나님을 기쁘시게 하며 그 기쁨의 정도는 우리 죄가 하나님을 노하시게 하는 것에 비할 바가 아니다.

그리스도의 대언 사역을 이해하고자 할 때는 그리스도의 위격에 대해 바른 견해를 갖는 게 절대적으로 중요하다. 예수께서는 자신이 떠나는 것은 제자들의 유익을 위해서라고 알려 주셨다. 그래야 성령께서 제자들에게 임할 터였으므로 말이다(요 16:7). 이 구절은 늘 이해하기 까다로운 본문이었다. 특히 그리스도께서 이 말씀을 하실 때 제자들이 이미 성령을 소유하고 있었다는 (올바른) 입장을 갖고 있는 경우에는 더욱 그렇다. 그리스도께서 이 말씀을 하신 것은 이 땅에 있는 백성을 대상으로 하는 성령의 사역이 하늘에서 그리스도께서 행하시는 대제사장 사역을 반영하기 때문인 듯하다.

하늘에 오르신 후 그리스도께서는 교회에 자기 성령을 부어 주셨다(행 2:33; 엡 4:8). 그리스도와 성령은 하나의 목적과 뜻을 지니신다. 그래서 성령은 그리스도께서 신자들을 사랑하신다는 사실을 신자들에게 납득시킨다. 성령께서 우리 안에서 기도하심은 그리스도께서 우리를 위해 기도하시기 때문이다(롬 8:26-27). 성령이 이 땅에서 중보기도 하는 분이신 것은 그리스도께서 하늘에서 중보기도 하는 분이시기 때문이다. 그리스도는 이제 믿음과 소망으로 사시지 않는다. 이제 그리스도에게 남은 일은 오직 사랑으로 사시는 것이며(고전 13:13), 자기 교회에 대한 그리스도의 사랑은 천국에서 더 크고 강해진다. 앞에서 말했듯이, 하늘에 들어가실 때 그리스도는 성령을 인간이 받을 수 있는 최대한도로 받으셨다. 성령의 열매 중에 사랑이 있다. 사실 사랑은 성령의 열매 중 가장 먼저 언급되는데, 이는 사랑이 여러 다른 은혜들 중 가장 중요하다는 사실을 반영한다. 그리스도께서는 자신이 성부의 사랑 가운데 머물 수 있기 위해 자기 백성을 계속 사랑하신다(요 10:15-18; 15:10). 천국에서 그리스도께서 보이시는 사랑과 긍휼은 모든 인간의 마음을 다 합한 것보다도 질적으로 더 낫다. 그 사실을 토머스 굿윈은 다음과 같이 감동적으로 표현했다. "사랑할 줄 아는 피조물로 이뤄진 세상이 무한히 많다 해도, 그 세상이 인간 그리스도 예수의 마음에 있는 사랑만큼 큰 사랑을 품지는 못할 것이다."[27] 유한은 무한에 이를 능력이 없기에 하나님께서 신성으로 품으시는 사랑은 그리스도께서 인성으로 품으시는 사랑보다 뛰어나다. 하지만 굿윈은 그리스도의 인성의 마음에는 자기 신부를 충족시키고도 남을 만한 사랑과 긍휼히 여기심이 있다고 우리를 안심시킨다. 우리의 대제사장으로서 그리스도가 얼마나 긍휼이 많은 분이신지 우리는 감히 짐작도 할 수 없다. 우리는 그리스도가 그런 분이라고 그저 확신할 수 있을 뿐이며, 믿음의 분량에 따라 그 진리를 믿을 뿐이다(롬 12:3).

하늘에서 그리스도께서는 더 탄탄하게 직분을 이행하신다. 선지자로서 그리스도는 지혜와 지식으로 충만하시다. 제사장으로서 그리스도는 자기 교회에 은혜와 자비를 쏟아부어 주신다. 그리고 왕으로서 그리스도에게는 권세와 주권이 주어져 있다. 이는 이제 하늘에 계신 그리스도는 이 땅에 계실 때보다 더 긍휼이 많다는 의미다. 다시 말해, 그리스도가 이 땅에서 일하시는 동안 죄인들에게 자비로우셨다면, 지금은 죄인들에게 덜 자비로우신 게 아니라 오히려 더 자비로우시다. 그뿐만 아니라, 성육신 덕분에 하나님께서 우리에게 자비를 베풀 수 있는 새로운 길이 열렸다. 하나님이 육신이 되셨기에, 경험에 바탕을 둔 긍휼이 획득되었다. 신성은 시험을 받을 수 없다. 이제 천국에 계신 그리스도는 세상에서 자신이 어떤 형편에 처했었는지를, 즉 고난과 시험을 당했던 것을 기억하실 수 있다. 천국에서 그리스도는 이 땅에서 자신의 삶이 얼마나 힘들었는지를 기억하신다. 시험의 위력이 얼마나 강했는지를 기억하신다. 그 덕분에 그리스도는 자기 백성을 동정하실 수 있다. 성육신이 일어나지 않았다면 어떤 면에서 그런 공감은 불가능했을 것이다. 하나님이 우리를 긍휼히 여길 수 있고 자비를 베풀 수 있는 새로운 길이 생겼다는 말은 실로 주목할 만한 일이지만, 사실이 그렇다. 그러므로 그리스도께서 이 땅에서 하신 일과 하늘에서 하시는 일의 가치를 제대로 알려면 그리스도의 위격을 올바로 이해하는 게 중요하며, 그 중요성은 아무리 말해도 지나치지 않다.

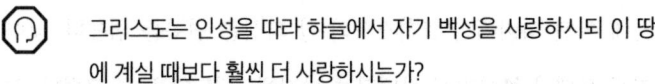
그리스도는 인성을 따라 하늘에서 자기 백성을 사랑하시되 이 땅에 계실 때보다 훨씬 더 사랑하시는가?

왕으로서의 그리스도

그리스도께서 중보자로서 맡으신 세 번째 직분은 왕의 직분이다. 왕의 직분으로 그리스도는 율법에 따라 백성들을 다스리심으로써 백성들을 자기에게 복종시키시고, 왕(즉, 하나님의 아들)이라는 호칭에 따라 백성들을 지키신다. 그뿐만 아니라, 그리스도는 그리스도와 우리의 모든 원수들을 정복하신다. 중요한 점은, 신약성경에 가장 많이 인용되는 구약성경 구절(명시적 언급과 암시적 언급 모두 합해 22번)은 하나님 오른편에 앉아 원수를 진압하시는 그리스도에 대해 말하고 있다는 사실이다(시 110:1).

  우리가 왕으로서의 그리스도에 대해 말할 때 이는 신성 가운데 계신 그리스도에 대해서만 말하는 것이 아니라, 앞에서 강조한 내용과 마찬가지로 신인으로서의 성자에 대해서도 말하는 것이다. 물론 신성에 관해 말하자면 성자께서는 주권과 엄위를 본질적 속성으로 소유하신다. 삼위 하나님은 왕이시다. 하나님의 권위는 절대 권위로서, 어떤 식으로도 가감이 될 수 없다. 그러나 우리가 그리스도의 왕 되심에 대해 말할 때는 이 점을 염두에 두지 않는다. 그리스도는 중보자 역할과 관련해 왕이시다. 그 때문에 어떤 의미에서 그리스도의 왕 되심은 변화를 겪는다. 낮아지신 상태와 높아지신 상태라는 관점에서 볼 때 특히 그렇다. 시편은 그리스도의 왕권의 본질에 대해 중요한 통찰을 제공한다. 우선 시편 2편을 시편 110편과 비교만 해 봐도 알 수 있다. 이 두 시편은 열방 정복(2:1-3; 110:1-2), 이스라엘 원수의 멸망(2:9; 110:5-6), 하나님의 아들을 대적하는 왕들을 향한 하나님의 진노(2:5; 110:5-6) 등 비슷한 점이 많다. 다윗 계통의 왕으로서 그리스도는 특별한 의미에서 하나님의 아들이시다. 흔히 우리는 예수가 하나님의 아들이시라는 사실이 예수의 신성을 증명한다고 생각하지만, 1세기 유대인들은 '하나님의 아들'이라는 호칭을 들으면 곧 왕의 호칭, 메시아의 호칭으로 이해했다고 하는 게 더 정확하다(마 16:16을 보라). 확실히 그리스도는 영원하신 하나님의 아들이요, 권세와 영광 면에서 성부·성령과 동등하시다. 하지만 시편 2편과 110편은 하나님의 아들이라 불리는 독특한 특권을 부여받은 지상의 왕을 염두에 두고 있다. 이런 의미에서 참된 왕 예수 그리스도는 성부의 왕권을 공유하되, 그러면서도 성부의 우주적 왕권에 예속된다. 그리스도는 하나님의 왕(즉, 참아들)이시기에, 원수에게 승리할 것이 확실하다.

그런데 시편 110편에서 그리스도는 성부의 오른편에 앉아 계신다. 하나님 오른편 보좌에 앉는다는 것은 인간에게 주어질 수 있는 최고의 권한이다(마 28:18). 이는 권세, 영예, 은총을 나타낸다. 두 시편 사이에는 약간 다른 점이 있는데, 이 차이는 그리스도의 왕 직분에 변화하는 성질이 있음을 나타낸다고 할 수 있다. 시편 2:2에서는 "관원들이 서로 꾀하여 여호와와 그의 기름 부음 받은 자를 대적"하는 반면, 시편 110:2에서는 그리스도께서 원수들 가운데서 다스리신다. 시편 2:8에서는 그리스도께서 나라들을 유업으로 요구하시는 반면, 시편 110편에서는 하나님께서 자기 아들을 위해 싸우시려고 그리스도의 다스림을 이용한다. 관원들과 나라들이 하나님의 아들에게 복종하라고 소환되지만(시 2:10-12) 이들은 그렇게 하지 않았고, 이에 하나님께서 진노하신 결과가 시편 110:5-6에 강조되어 있다.

신약성경에서는 시편 110:1이 그리스도의 왕 직분에 관한 중요 진리를 강조하는 데 쓰인다. 첫째, 그리스도께서는 낮아지신 상태에 있을 때 이 본문을 이용해 자신의 초월성에 대해 말씀하신다(막 12:36). 둘째, 베드로는 시편 110:1을 참조해 그리스도께서 부활하신 후에 행하시는 변호 사역에 대해서 말한다(행 2:32-36). 셋째, 그 장엄한 본문 로마서 8:34에서 바울은 그리스도의 왕 직분을 그분의 대언 사역과 연결 짓는다. 이는 시편 110편과도 일치하는데, 시편 110편은 그리스도의 왕 직분뿐만 아니라 제사장 직분에 대해서도 말한다(시 110:4). 마지막으로, 신약성경이 시편 110:1을 인용하는 것을 보면 그리스도가 모든 피조물에게, 심지어 천사들에게까지 주님이 되심을 분명히 알 수 있다(히 1:13).

시편 2편과 110편뿐만 아니라 시편 8편도 그리스도의 왕 직분을 이해하는 데 또 하나의 문을 열어 준다. 시편 8편은 히브리서 2:6-8에 인용된다. 내가 보기에 시편 8편은 명시적으로 메시아에 대해 말하지 않는다. 적어도 시편 22편이나 110편처럼 명시적이지는 않다. 히브리서 2:6-8은 인간(아담)이 창조된 목적과 관련해 시편 8편을 창세기 1:26-28과 함께 조리 있게 인용한다. 히브리서 2:6-8은 인간에 대한 하나님의 원래 목적에 대해 언급한다. 이 점 때문에 히브리서 2:9 서두의 "그러나"(but, 개역개정성경에는 번역되지 않음-옮긴이)가 아주 중요해진다. 다윗(하나님의 아들)을 포함해 인간이 (참담하게, 그리고 절대적으로) 실패한 지점에서 그리스도는 우리 모두를 위해 대신 성공하신다. 히브리서 2:9 이하는 그리스도께서 죽음에서도 우리를 대신해 행동하셨음을 보여 준다. 히브리서 2:9와 시편 110:1(히 1:13에 인용된)은 만물이 그리스도의 발아래 있음을 보여 준다. 그리스도의 죽음과 부활로 이 현실이 시작되었지만, 최종 완성은 미래에 있을 것이다. 이렇게, 원래 아담에게 주어졌던 신적 사명은 현 세상을 다스리시고 장차 임할 세상을 다스리실 그리스도 안에서 사실상 성취되었다.

히브리서 2:5-9에서 시편 8:4-6을 인용함으로써 히브리서 기자는 기독론의 두 가지 측면에 구체적으로 주목한다. 그것은 바로 그리스도의 낮아지심과 높아지심이다. 잠시 동안 천사보다 못하게 된 분, "여우도 굴이 있고 공중의 새도 집이 있으되 인자는 머리 둘 곳이 없도다"(눅 9:58)라고 말씀하신 성자는 "영광과 존귀로 관을 쓰신"(히 2:9) 하나님의 아들이시기도 하다.

마찬가지로, 고린도전서 15:27에서 바울은 시편 8편을 그리스도의 다스림을 가리키는 것으로 본다. 그리스도께서 하나님의 오른편 보좌로 높아지신 것은(계 4-5장도 보라) 그리스도의 참인성이 계시된 것이자 이 시편의 성취다. 땅을 정복하고 번성하라는 창세기 1-2장의 명령은 절대 아담에게서 실현되지 않았다. 그 명령은 그리스도 안에서 실현되었고, 실현되고 있다. 그러므로 지상명령(마 28:16-20)은 사실상 창세기 1:26 이하 말씀의 성취다. 그리스도께서는 땅을 정복하고, 참인간인 피조물들을 그 땅에 거주시킬 권한을 얻으셨다. 가서 모든 민족을 제자 삼으라는 말씀은 이렇게 창세기 1장과 시편 8편, 110편을 성취한다. 그리스도께서는 잠시 천사들보다 못한 처지에 있었지만, 이제는 인간과 천사들로 이뤄진 온 우주의 최고 주권자이시며(히 1:1-3), 따라서 시편 8편은 비록 직접 표현되지는 않았더라도 메시아에 관한 내용을 담고 있다고 볼 수 있다. 시편 8편은 아직 실현되지 않은 하나님의 법령을 찬양하면서 그리스도를 가리키며 나아가고 있으니, 하나님의 그 목적은 그리스도 안에서 성취된다. 물론 히브리서 1장의 문맥에서 이보다 더 중요한 요점은 성육신하신 그리스도가 천사들보다 훨씬 뛰어나시다는 사실이다. 이는 그리스도의 신성 면에서도 그렇고(1장), 완전한 인성 면에서도 그렇다(2장). 그리스도인의 입장에서 이는 그리스도와의 연합 덕분에 우리가 그리스도의 우주적 승리에 동참하게 되리라는 의미다. 우리는 천사들을 판단할 것이며(고전 6장), 그리스도의 보좌에 그리스도와 함께 앉을 것이다. 그리스도와의 연합 덕분에 우리는 아담에게 약속되었던 것보다 더 높은 자리에 오를 것이다. 우리는 신인(神人)과 연대해 있기 때문이다. 달리 말해, 구원은 단순히 그리스도께서 우리를 위해 해 주신 일이 아니라 그리스도에게 이뤄진 일이 우리에게도 이뤄지는 것을 말한다. 그리스도의 이름을 지님으로 우리는 그 이름에 합당한 모든 것을 받는다(계 3:12).

십자가에서 죽기까지 순종하셨기에 성부께서는 성자를 높이신다(빌 2:9-11). 성자의 나라는 성자께서 받는 상급이다. 나라는 성자에게 주어지는 값진 상이다. 성자는 찬탈로써가 아니라 성부의 작정과 은혜로써 이 나라를 받는다(요 5:22; 행 2:36; 10:42). 이런 이유로 그리스도의 나라는 한시적(즉, 시간에 매인[temporal]) 나라이며, 이 나라에서 주 예수께서는 자기 신부에게는 은사를 부어 주시고 원수는 부활의 권능으로 물리치신다.

이 나라를 그리스도에게 주시려고 하나님께서는 다음 아홉 가지 일을 하셔야 했다.

1. 그리스도를 위해 한 몸을 예비하여(히 10:5) 그리스도가 참인간으로서 자기 백성을 대표할 수 있게 하셨다.
2. 그리스도에게 성령을 한량없이 부어 주셔서(요 3:34) 경건한 왕

노릇을 하는 데 필요한 자질을 구비시키셨다(사 11:2).

3. 공개적으로 그리스도를 왕으로 선포하셨다(마 3:17; 17:5).
4. 의의 규(sceptre)를 주시고, 입술에 검을 주시며, (선지자 겸 왕으로서) 인간에게 하나님의 뜻을 계시할 수 있게 하셨다.
5. 사신(使臣)과 봉사자들이 그리스도를 존귀한 분으로 여겨 섬기게 하셨다(엡 4:11-12; 고후 5:20).
6. 뭇 영혼을 그리스도에게 주시되 유대인뿐만 아니라 이방인들까지 주셨다(시 2:8; 요 17:6).
7. 하나님의 거룩한 율법에 따라 교회를 질서 있게 다스릴 수 있는 권능을 주셨다(마 5장; 골 2:14).
8. 원수를 심판하고 정죄할 권한을 주셨다(요 5:27).
9. 죄를 사할 수 있게 하셨다(마 9:6). 성자에게 주어진 이런 특권들은 신인으로서의 성자에게 주어진다.[28]

그리스도께서 마침내 원수들을 정복하시고 성령(그리스도의 영, 롬 8:9)을 통해 모든 택함받은 자들에게 구원을 적용하실 때, 그리스도는 나라를 아버지께 넘겨드릴 것이다(고전 15:24-25). 선지자·제사장·왕이라는 그리스도의 중보자 직분이 종말에 종료될 것임을 보여 주는 증거가 있다. 여러 건전한 신학자들도 사실이 그러하리라고 확언한다. 그러나 나는 그리스도의 직분의 어떤 측면은 영원까지 지속되며, 그리하여 그분이 여전히 선지자·제사장·왕으로 계실 것이라 믿는다. 그런데 어떤 식으로 그렇게 될

까? 그리스도의 영광을 살펴보면 이 뚜렷한 딜레마를 이해하는 데 도움이 될 것이다.

> "우리의 중보자가 그리스도라 불린 것은 성령을 한량없이 부음받았으며, 그리하여 구별되셨고, 낮아지신 상태에서나 높아지신 상태에서나 자기 교회에서 선지자와 제사장과 왕의 직분을 이행하기 위한 모든 권위와 능력을 충분히 갖추셨기 때문이다." (『웨스트민스터 대요리 문답』 42문답)

그리스도의 세 직분이 욕을 당하다

그리스도의 세 직분(선지자·제사장·왕)은 그분께서 수난당하시는 동안 복음서 기자들에 의해 면밀히 검증받는다. 실제로 세 직분 모두 모독당한다. 첫째로, 그리스도의 선지자 직분이 웃음거리가 된다. "예수의 얼굴에 침 뱉으며 주먹으로 치고 어떤 사람은 손바닥으로 때리며 이르되 그리스도야 우리에게 선지자 노릇을 하라 너를 친 자가 누구냐 하더라"(마 26:67-68). 그 당시에는 그리스도께서 이를 아셨을 수도 있고 모르셨을 수도 있지만, 지금은 확실히 아실 것이며 심판 날 그 가증스러운 행동에 대해 그 사람들에게 분명히 말씀하실 것이다. 물론 그들이 그 행동을 회개하지 않았다면 말이다.

둘째, 그리스도의 제사장 직분이 조롱당한다. 마태복음 27:42의 표현은 아주 주목할 만한 역설을 나타낸다. "그가 남은 구원하였으되 자기는 구원할 수 없도다." 사람들은 그리스도가 바로 그 일을 하고 있음을 알지 못했다. 이들은 그리스도께서 제사장으로서 구원의 일을 하고 계신 것을 조롱하면서 부지중에 영광스러운 진리를 말했다. 하지만 이들은 틀린 말도 했다. 왜냐하면 그리스도는 자기 자신도 구원할 수 있었으나(요 10:18), 그보다는 장차 있을 기쁨을 위해 십자가를 감내하신 것이니 말이다(히 12:2). "네 자신은 구원하지 못하느냐"라고 그리스도를 조롱하던 이 사람들이 나중에 자신들이 조롱한 분에 의해 회심하고 구원받았을 수도 있다는 건 얼마나 놀라운 일인가(눅 23:34; 행 2:36-41).

셋째, 그리스도의 왕 직분이 공공연히 의문시되며 웃음거리가 된다. "그가 이스라엘의 왕이로다 지금 십자가에서 내려올지어다 그리하면 우리가 믿겠노라"(마 27:42). 십자가에서 죽으시면서 그리스도는 사실상 모든 승리 중 가장 큰 승리를 얻으셨다. 바로 마귀를 이긴 승리였다(히 2:14). 세상 어떤 왕도 그리스도께서 십자가에서 하신 것처럼 자기 원수에게 승리하지 못했다. 이제 천국에서 그리스도는 자신의 발등상 노릇을 하고 있는 모든 원수들에게 절대 권한을 행사하신다(시 110:1).

그리스도의 영광

그리스도의 영광이 우리의 가장 큰 소원이어야 한다. 그리스도의 이름을 거룩히 여기고, 찬양하고, 그리하여 영화롭게 하는 것이 그리스도인의 가장 큰 영적 소명이다. 그리스도인이 할 수 있는 가장 중요한 일은 주일에 하나님을 예배하며 그분의 이름에 영광을 돌리는 것이다. 그런데 우리는 정말로 그리스도께 "영광을 돌릴" 수 있는가? 어떤 의미에서 우리는 절대 그렇게 할 수 없고, 또 어떤 의미에서는 그렇게 할 수 있다. 그리고 또 다른 의미에서 우리는 그저 그분의 영광을 보기만 할 뿐이다.

그리스도의 신성이라는 견지에서 볼 때 그리스도에게는 가감할 수 없는 영광이 있다. 하나님의 영광은 하나님의 본질의 가장 중요한 측면이다. 하나님은 무한히 영화로우시며 피조물은 그 영광을 감소시키지 못하는 것은 물론 어떤 피조물도 그 영광을 완전히 이해하지 못한다. 우리는 이것을 일컬어 그리스도의 본질적 영광이라고 한다. 하지만 성부나 성령에게는 없고 오직 성자에게만 속한 두 번째 영광, 즉 성육신의 영광이 있다. 이는 그리스도께서 신인으로서 지니는 영광이며, 이 영광은 위격적 영광이라고 부를 수 있다. 신인으로서 예수는 "보이지 아니하는 하나님의 형상"(골 1:15)이며, "하나님의 영광의 광채시요 그 본체의 형상"(히 1:3)이시다. 요한도 "아버지의 독생자의 영광"(요 1:14)을 보았다고 하면서 그리스도의 위격적 영광에 대해 말한다. 영광이라는 말은 하나님의 가시적 현현을 나타내는 데 쓰이는 말이다(출 33:22). 그래서 하나님의 임재가 독특하게 나타나는 곳인 성전에서 하나님의 백성들은 "영광"이라 외친다(시 29:9). 그리스도께서는 손으로 지은 성전을 자기 몸으로 대체하시고, 그리하여 다른 어떤 건물이나 사람으로서는 도무지 불가능한 방식으로 독특하게 하나님을 나타내신다(요 2:19-21). 그리스도의 몸(성전)은 "죽었으나" 사흘째 되던 날 능력과 영광으로 부활하셨다(롬 1:4; 고전 15:35-49).

그리스도께서 부활하시기 전에는 그 위격의 영광이 어느 정도 베일에 가려 있었다. 이사야 53:2에서도 그리스도에게는 "고운 모양도 없고 풍채도 없은즉 우리가 보기에 흠모할 만한 아름다운 것이 없"다고 말한다. 실제로 사람들은 성자를 외면하고 멸시했다(사 53:3). 이 구절은 그리스도의 낮아지신 상태를 염두에 두고 있음이 확실하다. 하지만 그리스도의 변화에 대해 말하는 구절에서(마 17장) 우리는 그분의 위격적 영광을 언뜻 보게 되는데, 그리스도께서 이 땅에서 일하시는 동안 이 영광은 대개 베일에 가려 있다. 야고보와 베드로와 요한은 부활한 성도들이 천국에서 보게 될 영광을 [변화산에서] 특별히 일별했다. 그 순간 그리스도의 신적이고 천상적인 영광이 짧게 계시되었는데, 이는 지상의 모든 성도들이 눈에 보이는 것으로써가 아니라 믿음으로써 살면서 평생 열망하는 순간이다. 요점을 말하자면, 그리스도의 변화는 그리스도의 부활 때, 특히 보좌에 앉으실 때 일어나게 될 영광스러운 몸의 변화의 전주곡이었다는 것이다. 그리스도께서 하늘에 오르셔서 보좌에 앉으신 이래로 하나님의 성도들은 그분과 얼굴을 맞대고 볼 때 그리스도의 신적 영광의 광채가 그의 인성을 통해 빛나는 것을 보게 될 것이다.

그래서 이 영광은 신인으로서의 그리스도의 위격에 속한 영광이다. 그리스도의 성육신은 죄인을 위한 중보와 전혀 별개로, 그분이 자기에게만 독특하게 있는 영광을 소유했음을 뜻했다. 이제 오늘날 교회에서 많은 논쟁을 불러일으키는 이슈, 즉 그리스도의 초상에 대해 이야기하기에 적절한 시점이 된 듯하다. 내가 생각하기에, 높아지신 상태에 돌입할 때 그리스도의 외모가 변했다는 것은 논쟁의 여지가 없는 사실인 듯한데(눅 24:31), 그렇다면 그리스도의 초상은 낮아지신 상태에서의 모습인가, 아니면 높아지신 상태에서의 모습인가? 확실히 우리는 부활하신 예수를 보고 싶어 하지 않는가? 하지만 우리는 이것을 물어야 한다. 즉, 높아지신 신인의 영광을 과연 그림 한 장에 포착할 수 있는가? 따지고 보면 그분의 영광은 무형(無形)의 영광이기 때문에 그림 한 장의 영역을 필연적으로 초월한다.

> 에스겔은 하늘에 있는 보좌의 환상을 보고 거기 앉은 사람 모양의 형상을 보았는데, 이때 그는 자기가 본 것을 그 실체, 즉 "여호와의 영광의 형상"에서 몇 걸음 떨어져서 묘사할 수 있을 뿐이었다(겔 1:26-28). 그런데 이제 영광 중에 앉아 계신 높아지신 그리스도를 사람이 그리는 그림으로 충실하게 묘사한다는 게 과연 가능한 일인가?

그림이 그리스도를 묘사한다고 할 때 문제가 되는 것이 또 하나 있다. 그림이 그리스도를 나타낸다면 우리는 왜 그 그림을 경배하지 않는가? 종말에 그리스도를 뵈면 우리는 그 앞에 엎드려 경배하지 않을 수 없을 것이 분명하다(빌 2:9-11을 보라). 그림은 진짜 그리스도가 아니므로 우리가 그 앞에 경배하지 않는다면, 내 말의 요점은 무엇인가? 예수가 세상에 계시는 동안 제자들을 비롯해 수많은 사람들이 그분을 보지 않았느냐고 어떤 이들은 대답할지 모른다. 그러나 우리가 기억할 것은, 그 사람들은 설령 믿음의 눈으로 본 것은 아니더라도 진짜 그리스도를 실제로 보았지 그분을 묘사한 그림을 본 게 아니라는 점이다. 그 상황에서는 그분께 경배하는 게 전적으로 적절했다. 나는 이 책의 기본 논점에 비추어 이런 질문을 하는 것이며 또 그에 대해 논평하는 것이다. 즉, 이 책에서 나는 그리스도의 인성이 수욕을 당하시는 것에서부터 영광에 들어가시기까지 일련의 전개 과정을 겪으셨다고 주장했다. 우리 그리스도인이 이 땅에서 순례자로 있는 동안, 그리스도와 가장 근접한 (그리고 가장 훌륭한) 초상으로서 우리가 소유할 수 있는 것은 성찬 때 우리에게 주어지는 떡과 포도주다. 떡과 포도주는 우리 눈에 보이는 것이긴 하지만, 성찬의 이 두 요소도 궁극적으로는 우리가 믿음으로 받을 때에만 쓸모가 있다.

그리스도께 속한 세 번째 영광도 있는데, 이 영광은 그분의 위격적 영광과 연관되어 있다. 이는 그리스도의 중보 사역의 영광이다. 그리스도께서는 신인이시기 때문에 영광 받으실 뿐만 아니라, 하시는 일 때문에도 영광을 받으신다. 이는 그리스도가 자기 백성들 가운데서 영광 받으신다는 뜻이다(요 17:10). 인간은 하나님의 본질적 영광에 무엇을 더하거나 뺄 수 없다. 하지만 그리스도의 중보 사역의 경우에는 상황이 다르다. 그래서 요한복음 17장에서 그리스도는 제자들로 말미암아 자신이 영광을 받았다고 기도하신다. 그리스도의 당시 제자들뿐만 아니라 모든 신자가 다 그리스도와 성부께 영광을 돌릴 것이다(요 14:13). 이는 신자들을 위한 그리스도의 중보 사역과 관계있다.

그리스도의 중보는 잠시 동안만이다. 이는 마지막에 그리스도께서 어떻게 나라를 아버지께 넘겨드릴 수 있는지를 설명해 준다(고전 15:24). 요한복음 17장에는 그리스도께서 대제사장으로서 드리는 기도가 기록되어 있는데, 이는 그리스도께서 이제 하늘에서 대언하시는 모습을 묘사한 한 장면으로서, 그리스도께서 아버지를 영화롭게 하려고 영광을 구하고 계심을 보여 준다(17:1-2). 2절은 "만민을 다스리는 [그리스도의] 권세"에 대해 말하는데, 이 권세는 아버지에게서 받은 권세다. 그리스도께서 받는 권세는 그분의 죽음과 부활에 근거하는 권세로(마 28:18을 보라), 이 권세 덕분에 그리스도께서는 자기 백성들에게 영생을 주실 수 있다. 4절에서 그리스도는 아버지께서 주신 일을 함으로써 자신이 아버지를 영화롭게 했다고 말씀하신다. 그리스도께서는 임박한 죽음 또한 염두에 두고 이 말씀을 하신다. 그리스도께서 하나님의 임재 앞에서 요구한 영광은 영화롭게 된 그리스도의 인성을 말하는 게 틀림없지만, 이 영광에는 십자가에서 죽기까지 순종하신 것에 대해 당연히 그리스도께서 받아야 할 상급, 즉 교회의 구원도 포함된다(요 17:6 이하).

그리스도의 위격적 영광은 그리스도의 중보자 직분의 영광을 초월하기 때문에, 나라를 아버지께 바칠 때 그리스도는 이 위격적 영광을 여전히 유지하실 것이다. 이렇게 그리스도의 신부의 구원과 원수의 멸망이 완료됨으로 종말에 선지자·제사장·왕의 직분이 종료되어도 중보자로서 그리스도의 영광은 여전히 유지된다. 실제로 신인으로서 그리스도의 위격적 영광은 다가올 세대에 그리스도께서 자기 나라를 다스릴 것이며(히 2:5) 그리하여 왕권을 계속 유지하실 것이라는 뜻이다. 앞에서 이야기했듯이, 그리스도께서는 영화롭게 된 하늘의 성도들에게 하나님의 마음을 계시할 것이며, 그렇게 해서 선지자 직분을 계속 유지하실 것이다. 마지막으로, 요한계시록 22:2은 천국에 있는 "생명나무", 곧 "만국을 치료하기 위하여" 있는 그 나무는 그리스도께서 완성하신 구속 사역을 비유하는 풍경임을 알려 준다. 이렇게 해서 그리스도의 봉헌과 대언이 더는 필요하지 않음에도 그분의 제사장 직분은 계속 기억될 것이다. 이렇게 우리는 그리스도께서 세 가지 직분으로 행하시는 구원 사역이 종말에 종료될 것이라 말할 수 있다. 하지만 이는 그리스도께서 더는 선지자·제사장·왕 역할을 하지 않는다는 뜻이 아니다. 신인이라는 그리스도의 위격은 영원히 유지되니까 말이다. 말하자면, 직분에 표현된 원리는 천국에서도 여전히 영속적 영향력을 지닌다. 그리스도인이 영광 중에 볼 것은 그리스도의 위격이며, 그 영광스러운 소망을 생각하다 보면 우리가 최종적으로 고찰해 봐야 할 내용에 이르게 된다. 바로 지복직관(the beatific vision)이다.

지복직관

그리스도 안에서 하나님을 본다는 것은 하나님의 영광을 보는 것이다. 그리고 이 영광을 보는 것은 이 땅의 성도들이 자신들을 사랑하시고 자신들을 위해 자기를 주신 하나님의 아들을 믿는 믿음으로 살아가는 동안 오래 참으며 갈망해야 할 가치 있는 일이다.[29] 그리스도 안에서만 우리는 하나님의 영광을 완전히, 그리고 가장 잘 볼 수 있다. 예수 그리스도의 얼굴에서 하나님의 영광을 보는 데는 두 가지 방법이 있다. 믿음으로(by faith) 보는 방법과 보는 것(by sight)으로 보는 방법이다. 이 세상에서 그리스도인은 그리스도를 대면하여 보기를 원한다. 그것이 바로 우리가 천국을 갈망하는 이유다. 하지만 그리스도의 양 떼는 이 세상에서 믿음으로 사는 반면에 다가올 세상에서는 보는 것으로 살 것이며, 그리하여 그리스도를 가시적으로 이해하게 될 것이다.

그리스도인들이 모이는 곳에 가면 WWJD(What Would Jesus Do?[예수님이라면 어떻게 하실까?])라고 새겨진 팔찌를 한 사람들을 많이 볼 수 있다. 이는 중세 가톨릭 신학자 토마스 아 켐피스(Thomas à Kempis: 1380-1471년경)의 가르침을 반영하는 문구이며, 그의 저서 『그리스도를 본받아』(*The Imitation of Christ*)는 오늘날에도 여전히 큰 인기를 얻고 있다. 예수의 형상을 본받으려는 것(롬 8:29)은 누구도 비난할 수 없다. 오웬은 이런 사고방식과 관련해 한 가지 눈에 띄는 주장을 했다. "예수의 영광을 보지 않고, 혹은 그 영광에 대한 직관 없이 그분의 행동을 그저 흉내 내는 것으로는 그 누구도 '그분처럼' 되지 못한다. 그 영광을 봐야만 사람을 예수와 같은 형상으로 변화시키는 변화의 능력이 수반된다."[30] 우리는 예수에게, 그분의 위격과 사역 모두에 우리 생각을 고정시켜야 한다(히 3:1). 예수께 순종하려는 마음을 불러일으키기 위해서는 차라리 "예수는 어떻게 하셨는가?"(What Did Jesus Do?)라고 묻는 게 나을 것이다. 그보다 더 좋은 것은 그분의 위격도 함께 묵상하는 것이다.

이 세상에서 믿음으로 살 때 우리는 그리스도의 위격과 사역의 영광을 깊이 묵상하고 있는지를 자문해야 한다. 실제로 우리가 은혜 안에서 자라가는지는 그 질문에 대한 답변으로 분별할 수 있다. 참그리스도인이란 그 마음에 하나님께서 "예수 그리스도의 얼굴에 있는 하나님의 영광을 아는 빛을"(고후 4:6) 비춰 주시는 사람이다. 보이지 않는 하나님의 영광은 그리스도 안에서만 빛난다. 우리의 믿음은 십자가에 달리셨다 부활하여 승천하신 그리스도를 향한다. 그리스도를 믿는 믿음은 복음에 대한 우리의 순종의 원천이다. 의인은 믿음으로 의롭다 여김을 받을 뿐만 아니라 믿음으로 살기도 하기 때문이다(롬 1:17). 요컨대 이생에서 우리가 누릴 수 있는 최고의 특권은 믿음으로 그리스도의 영광을 보는 것이다. 달리 표현하자면, 이 세상에서 믿음으로 그리스도를 보는 사람만 천국에서 보는 것으로써(by sight) 그리스도를 보는 특권을 누릴 것이다.

이 책의 기본 논점을 유지할 때, 우리가 이생에서 예수 그리스도의 위격에서 하나님의 영광을 보는 방법은 먼저 그리스도의 위격을 묵상하고 그다음 그분의 사역을 묵상하는 것이다. 영원하신 하나님의 아들, (몇 가지 속성만 예를 들자면) 무한하시고 영원하시고 불변하시고 전능하시며 전지하신 그분께서 유한한 육체를 취하셨다는 단순한 사실만으로도 우리는 놀라야 한다. 이 사실에 하늘도 깜짝 놀라 경외심으로 침묵했을 것이 틀림없다. 그리스도께서 태어나실 때 천사들이 노래를 불렀긴 하지만 말이다! 신성과 인성의 연합 덕분에 우리는 하나님께 다가갈 수 있게 되었다. 이 일은 다른 방법으로는 불가능했을 것이다. 우리는 하나님의 아들을 통해 하나님을 아는 지식을 갖게 되었다. 우리에게는 여호와이신 형제가 있다.

하지만 우리는 그분의 위격만 묵상해서는 안 된다. 이 위격이 우리의 선지자요 제사장이요 왕이시라는 사실 또한 묵상해야 한다. 그래서 바울은 그리스도 예수와 그 부활의 능력을 알고자 하는 자신의 소원에 대해 말할 때 이 두 요소(그리스도의 위격과 사역)를 계속 밀접하게 연관시킨다. 그래야 죽은 자 가운데서 부활에 이를 수 있고, 그리하여 그리스도의 영광을 볼 수 있을 테니 말이다(빌 3:10-11). 그러나 그전에 빌립보서 2:5-11에서 바울은 그리스도의 위격과 사역에 대해 말한다. 즉, 하나님의 아들께서 자기를 낮추사 수치스러운 죽음을 죽으심은 오직 영광으로 부활하시기 위해서였다. 달리 말해, 그리스도의 위격과 사역에 대해, 그리고 이 두 요소의 관계(빌립보서 2장에서 보여 준)를 알게 되자 바울은 빌립보서 3장에서 보는 것처럼 그리스도를 알고자 하는 태도를 갖게 되었다. 이는 그리스도에 관한 진리로, 그리스도인은 이 진리를 묵상하면서 예수 그리스도를 통해 영원히 하나님을 즐거워할 준비를 해야 한다.

하늘에서 그리스도의 위격을 즐거워할 때 우리는 보는 것으로 (by sight) 하게 될 것이다. 이 광경은 변화의 능력이 있는 광경이다. 이는 우리를 그리스도의 형상으로 변화시킨다. 요한이 요한일서 3:2에서 "사랑하는 자들아 우리가 지금은 하나님의 자녀라 장래에 어떻게 될지는 아직 나타나지 아니하였으나 그가 나타나시면 우리가 그와 같을 줄을 아는 것은 그의 참모습 그대로 볼 것이기 때문"이라고 한 말은 바로 그 의미인 것 같다. 요한의 말은 믿기 어려워 보일 수도 있지만, 이생에서 믿음으로 하나님의 영광을 보는 것이 우리가 하나님의 형상으로 변화되는 수단이라는 점을 우리는 기억해야 한다. 바울이 고린도후서 3:18에서 말하는 것처럼, "우리가 다 수건을 벗은 얼굴로 거울을 보는 것같이 주의 영광을 보매 그와 같은 형상으로 변화하여 영광에서 영광에" 이른다. 이렇게, 잃어버렸던 아이를 보고(by sight) 부모가 "변화하는" 것처럼, 혹은 학생이 대학 입학 허가서를 처음 보고 "변화하는" 것처럼, 신자들은 왕의 영광 중에 계신 예수 그리스도의 위격을 보고 훨씬 더 초월적인 방식으로 완전히, 그리고 완벽하게 변화할 것이다.

신학자들이 그리스도를 보는 광경을 '지복'(beatific)이라 일컫는 이유는 이 광경이 "그 상태에 있는 이들에게 완전한 안식과 복을 주기" 때문이다. 오웬의 말에 따르면, 천국에서는 이렇게 "그리스도 안에서, 영화롭게 된 이들의 영혼에 하나님께서 계속 역사하시며 하나님은 이들과의 교통도 계속하실 것"이라고 한다.[31] 이생에서 하나님의 은혜가 우리 영혼에 계속 부어짐으로써 우리가 하루하루의 삶을 유지하는 것이라면, 다가올 생에서는 이를 훨씬 더 넓고 깊게 체험하게 될 것이다. 그런 이유로 우리는 지금 계시가 그리스도를 통해 교회에 임하는 것처럼 우리가 영광으로 들어간 후에도 마찬가지일 것이라 확신할 수 있다. 하나님께서 자기 백성과 어떻게 교제하시는가의 관점에서 이생과 내세 사이에는 연속성이 있다. 우리가 비천한 상태에서 높이 들린 상태로 이동해 들어감에도 말이다.

천국에는 수많은 영광이 있다. 그런데 신자들이 보게 될 가장 큰 영광은 무엇일까? 육신을 입고 계신 예수 그리스도를 보는 것보다 더 영광스러운 일이 있을까?

성육신하신 성자로서 그리스도께서는 인간과 하나님 사이의 중보자 역할을 영원히 이행하실 것이다. 그것은 그리스도의 위격적 영광 때문에 그리스도께 속한 특권이다. 물론 그리스도께서 중보자로서 소유하시는 영광은 천국에서 그리스도는 혼자가 아닐 것이라는 의미다. 실로 하나님께서는 이혼을 싫어하시기에(말 2:16), 그리고 우리는 그리스도와 결혼했기에(엡 5:25-27; 계 21:2), 예수 그리스도의 위격 안에서 우리가 영원히 하나님을 즐거워할 수 있다는 것은 확실히 보장된 일이다. 신자들에게 천국의 영원성은 우리와 신인(神人), 곧 승천하여 영화롭게 된 인성을 입고 영원히 사시는 분과의 연합에 근거를 두고 있다. 우리는 그리스도와 결혼했기 때문에, 보는 것으로써(by sight) 그리스도를 영원히 볼 수 있는 특권이 있다. 욥기 19:25-26의 표현을 빌려 보자.

"내가 알기에는 나의 대속자가 살아 계시니
마침내 그가 땅 위에 서실 것이라
내 가죽이 벗김을 당한 뒤에도
내가 육체 밖에서 하나님을 보리라"

욥의 소망과 소원은 우리가 어떤 소망을 품어야 하는지를 건전하게 일깨워 준다. 우리의 소망은 다음과 같은 내용으로 구성된다. 즉, 우리는 "서서 얼굴과 얼굴을 맞대고 함께 이야기를 나누면서 이웃 사람을 보는 것처럼, 영광 중에 계신 주 그리스도를 보게 되리라"는 것이다. 이 광경이 바로 그리스도인이 이생에서 "호흡하여 갈망하는"[32] 것, 즉 그리스도를 직접 보는 것이다. 그런 갈망이 있는가?

글을 맺으며

네덜란드 신학자 베르카우어(G. C. Berkouwer)가 정확히 지적하고 있는 것처럼, 우리는 성경에서 "그리스도의 위격과 사역 사이에 부정할 수 없는 통일성이 있음을 계속해서 보게 된다. … 그리스도가 어떤 분이며 그게 무슨 의미인지 모른다는 것, 그리스도의 사역이 무엇인지 알지 못한다는 것, 그리스도의 사역을 올바른 관점에서 보지 못한다는 것은 곧 그리스도의 위격을 이해하지 못한다는 것"이다.[33] 이 책은 기독론 입문서로 기획되었으며, 그 때문에 그리스도의 위격과 사역을 반드시 살펴보아야 했다. 그리스도의 위격을 강조한 것은 다분히 의도적이었다. 우리를 위한 그리스도의 사역을 좀 더 잘 이해하는 데 도움이 될 수만 있다면 하는 마음이었다.

믿음에 의한 칭의 교리는 그리스도께서 우리를 대신해 십자가에서 희생적 죽음을 죽으신 것뿐만 아니라 하나님의 율법에 대한 그리스도의 완벽하고도 완전한 순종에도 달려 있다. 그리스도의 순종이 흔히들 하는 말로 "공원에서 산책하는 일"은 아니었다는 점을 위의 사실이 확실히 증명했기를 바란다. 그리스도는 이 땅에서 사는 동안 믿음으로 사신 분이었다. 그리스도는 모든 면에서 우리와 똑같이 시험당하신 분이다. 그리고 그리스도는 이제 하늘에서 천지의 주님으로서 다스리고 계신 분이다. 그래서 우리는 "믿음의 주요 또 온전하게 하시는 이인 예수를 바라"보라는 명령을 받는다. "그는 그 앞에 있는 기쁨을 위하여 십자가를 참으사 부끄러움을 개의치 아니하시더니 하나님 보좌 우편에 앉으"신 분이다(히 12:1-2). 우리가 기도할 때 성령께서 우리 안에서 기도하심을 확신하는 것은(롬 8:26-27) 그리스도께서 우리를 위해 대언하시기 때문이다(히 7:25). 우리의 기도가 믿음의 날개를 타고 하나님께 상달됨은 그리스도께서 거룩하신 하나님과 죄인인 인간 사이의 간격을 메워 주시기 때문이다. 우리의 기도 생활이 가능한 것은 예수께서 "육체에 계실 때에 자기를 죽음에서 능히 구원하실 이에게 심한 통곡과 눈물로 간구와 소원을 올렸고 그의 경건하심으로 말미암아 들으심을 얻었"기(히 5:7) 때문임을 잊지 말자. 그리스도께서 우리를 위해 어떤 공로를 쌓으셨든, 믿음·사랑·소망·선택·칭의·성화·양자 됨·영화를 포함해 모든 것을 그리스도께서 친히 먼저 소유하셨다.

존 맥거킨(John A. McGuckin)은 알렉산드리아의 키릴루스에 관한 멋진 연구서에서 키릴루스가 "기독론에서는 함축적 의미가 논증에 아주 중요하다."라고 전제했다는 점에 주목한다.[34] 그리스도의 위격을, 신성과 인성의 관계를 어떻게 생각하느냐 하는 것이 그리스도의 사역을 어떻게 이해하느냐에 심대한 영향을 끼친다. 다른 경우는 있을 수 없다. 더 나아가, 우리가 그리스도의 위격을 사랑하느냐의 여부는 우리가 정말로 그리스도의 사역을 사랑하느냐를 알려 주는 지표다. 누군가에게서 유익 얻기를 좋아할 수는 있다. 하지만 그 누군가를 사랑하지 않으면서 그가 주는 유익만 좋아할 수는 없을 것이다. 우리는 그리스도의 위격에 대한 진정한 사랑 없이 그 위격에서 비롯되는 유익을 취함으로써 그리스도를 창녀 취급할 수 있는 입장이 아니다. 우리가 믿음으로 그리스도를 사랑할진대, 당연히 우리는 그리스도와 함께 있고 싶어 하고, 그 존재의 영화로우신 아름다움 가운데서 "사람들보다 아름답다"우신(시 45:2) 그분을 바라보고자 할 것이며, 그렇게 "많은 사람 가운데에 뛰어나"신(아 5:10) 분을 가까이서 뵙는 복을 누리고자 할 것이다. 수많은 위대한 신학자들이 그리스도의 사역보다 그리스도의 위격이 앞서는 것에 대해 논한 것도 이상한 일이 아니다. 사역보다 위격이 앞서는 것이야말로 어쩌면 그리스도께서 우리를 위해 세상에 오신 게 아니라 우리가 그리스도를 위해 세상에 태어났다고 하는 일부 사람들의 정서를 이해할 수 있는 이유일 것이다.

구주에게 구원받고자 하는 죄인들은 그분의 인성이 그분의 신성만큼 중요하다고 고백해야 한다. 이 고백에 따라 우리는 그리스도의 위격이 우리 구원에 절대적으로 중요하며, 하나님의 말씀은 성부가 보내신 그분을 알라고 명한다는 결론에 이르게 된다. 워필드가 말하고 있다시피, 우리는 그리스도를 "인간화된 하나님이나 신격화된 인간으로가 아니라 참된 신인(神人), 즉 완전한 하나님인 동시에 완전한 인간인 분으로" 알아야 한다. "그 전능한 품 안에서 우리는 안식할 수 있고, 인간이시기에 가질 수 있는 그 동정심에 우리는 호소할 수 있다. 인간 안에 있는 하나님도, 하나님 안에 있는 인간도 우리는 잃을 수 없다. 우리의 마음은 성경이 우리에게 제시하는 완전한 신인을 간절히 필요로 한다."[35] 그리고 언젠가 우리는 보는 것으로써 그분을 바라보는 시선을 갖게 될 것이다. 그때까지는 믿음으로써 그리스도의 영광을 바라보아야 한다.

주

1. *Exposition of Hebrews*, XIX. 37 in *The Works of John Owen, D.D.* 24 vols. (Edinburgh: Johnstone & Hunter, 1850-53), *John Calvin: Institutes of Christian Religion.* Ed. John T. McNeil. Trans. Ford Lewis Battles. (Philadelphia: Westminster Press, 1960), II. xii. 4-5.
2. *Exposition of Ephesians*, I.99 in *The Works of Thomas Goodwin, D.D.* 12 vols. (Grand Rapids: Reformation Heritage Books, 2006).
3. *Exposition of Ephesians*, I. 100.
4. *Discourses Upon the Existence and attributes of God* (London, 1840), 574.
5. Ep. 202, to Nectarius in NPNF2, v. 7.
6. *Existence and attributes*, 436.
7. 내가 생각하기에, 부당하게 묘사되고 오해받은 신학자가 있다면 그 사람은 바로 네스토리우스다.
8. *Reformed Dogmatics: Sin and Salvation in Christ*, vol. 3 (Grand Rapids: Baker, 2006), 256.
9. Ibid.
10. Ibid., 257.
11. *Person of Christ* (Downers Grove: InterVarsity Press, 1998), 226.
12. Macleod, *Person of Christ*, 230에 인용됨.
13. Iain Murray, *The Life of John Murray* (Edinburgh: The Banner of Truth Trust, 2007), 211-12.
14. *Christ the Mediator*, V. 143.
15. Ibid.
16. Christopher Wright, *Knowing Jesus through the Old Testament* (Downer's Grove: IVP, 1992), 108.
17. *Reformed Dogmatics*, III. 309.

18. *Looking Unto Jesus: A View of the Everlasting Gospel* [···] (Pittsburgh: Luke Loomis & Co., 1882), 514.
19. *Works, Pneumatologia*, III. 160.
20. Ibid., 162.
21. *The Holy Spirit* (Downers Grove: InterVarsity Press, 1996), 38.
22. *The Holy Spirit*, 53.
23. *Reformed Dogmatics*, III. 292.
24. John Owen, *The Holy Spirit* (Fearn: Christian Heritage, 2004), 132.
25. *The Complete Works of Thomas Manton*. 22 vols. (London: James Nisbet, 1870), X. 123.
26. *Meditations and Discourses on the Glory of Christ*, I. 414.
27. *Exposition of Ephesians*, II.162.
28. 이 부분에 대한 에드워드 레이놀즈(Edward Reynolds)의 의견에 감사한다. 그의 의견은 그의 저작인 *An Explication of the Hundred and Tenth Psalm*(London, 1837), 6-7에서 찾아볼 수 있다.
29. 이 부분에서는 존 오웬의 *Meditations and Discourses on The Glory of Christ*, I.302 이하에 실린 지복직관에 관한 탁월한 논문에 많은 신세를 졌다.
30. Ibid., 304.
31. Ibid., 413.
32. Ibid., 379.
33. *The Person of Christ* (Grand Rapids: Eerdmans, 1954), 105.
34. *Saint Cyril of Alexandria and the Christological Controversy* (New York: St. Vladimir's Seminary Press, 2004), 129.
35. B. B. Warfield, *Selected Shorter Writings*, Vol. I (New Jersey: P&R, 1972), 166.

추천 도서

:: 초기 기독론 논쟁에 관한 훌륭한 자료

McGuckin, John A. *St. Cyril of Alexandria: The Christological Controversy: Its History, Theology, and Texts*. Crestwood, N.Y.: St. Vladimir's Seminary Press, 2004.

Wessel, Susan. *Cyril of Alexandria and the Nestorian Controversy: The Making of a Saint and of a Heretic*. Oxford: Oxford University Press, 2004.

:: 종교개혁 당시와 종교개혁 이후의 기독론

Jones, Mark. *Why Heaven Kissed Earth: the Christology of the Puritan Reformed Orthodox theologian, Thomas Goodwin (1600-1680)*. Göttingen: Vandenhoeck & Ruprecht, 2010.

Spence, Alan. *Incarnation and Inspiration John Owen and the Coherence of Christology*. London: T & T Clark, 2007.

Willis, Edward David. *Calvin's Catholic Christology. The Function of the so-Called Extra Calvinisticum in Calvin's Theology*. Leiden: E. J. Brill, 1967.

:: 참고할 만한 가치가 있는 현대 기독론 자료들

Macleod, Donald. *The Person of Christ*. Downers Grove, Ill: InterVarsity Press, 1998.

Macleod, Donald. *From Glory to Golgotha: Controversial Issues in the Life of Christ*. Fearn: Christian Focus, 2002.

Warfield, Benjamin Breckinridge. *The Person and Work of Christ*. Philadelphia, Pa: Presbyterian and Reformed Pub. Co., 1950.

* 특히 워필드의 탁월한 논평, "The Emotional Life of Our Lord"는 아래 사이트에서 볼 수 있다. www.monergism.com/thethreshold/articles/onsite/emotionallife.html

:: 건전한 기독론과 경건을 조화시키기 위해서는 아래의 청교도 서적이 필수적이다.

Ambrose, Isaac. *Looking Unto Jesus: A View of the Everlasting Gospel*. Pittsburgh: Luke Loomis & Co., 1882. (구글 도서에서 검색 가능)

Goodwin, Thomas. *Christ Set Forth & The Heart of Christ in Heaven Towards Sinners on Earth*. Ross-shire, Scotland: Christian Focus, 2011.

Owen, John. *The Glory of Christ*. Fearn: Christian Heritage, 2004.

memo

memo

memo